Reader Takes All.

少一點
Less

20
Net and Books

少一點之後，才有其他的可能

文—郝明義

大一上學期的時候，我有過連續一星期的夢魘。

那是期中考時節，頭一次面對大學考試的壓力，加上同一棟宿舍裡又有一位同學在寢室裡上吊身亡，種種因素混合在一起，使得夢魘有許多種可以賦加的來由。

◎

夢魘的感覺是，睡夢之中，突然，你感到有人重重地壓住了你的全身。你掙扎著想起來，但是全身動彈不得。你感到全身寒毛倒豎，耳邊似乎有呼呼的風聲，你想作聲，但一聲不得。

這樣掙扎了一分鐘，三分鐘，五分鐘，你不知道。你知道的是：當你全身終於得以活動之後，抬起頭來看看鬧鐘，時針指著半夜三點鐘，不多一步也不少一步。如此很規律地來一天，停一天。單打雙不打。

◎

剛開始的時候，免不了恐懼。

但後來，恐懼沒有了，只剩下相當的不耐煩。一個考試期間需要充分睡眠卻不得，到了三點鐘就要被吵醒的人的不耐煩。

不耐煩的人，自力救濟，碰上第三還是第四次之後倒也有了一條解決之道。

◎

我逐漸發現，當你感到被壓住而動彈不得的時候，想要一下子掙脫是不可能的。而夢魘令人恐懼的，正是你越要用全身之力去掙扎，卻越是無能為力。

我的解決之道，是從小處活動起來。

當夢魘襲來的時候，被壓住就被壓住吧，別慌，先不要管它。我先活動一下右手（或左手）的小指。從右手小指的第一個關節起。第一個關節能活動一下，就能再活動一下第二個。整個小指能活動之後，就再動一動隔鄰的無名指。無名指能活動之後，就再活動一下中指。中指之後，再食指。再大姆指。再整隻右手。再右小臂。再整個右臂。等整個右臂可以活動之後，就可以很自然地翻個身。這時要坐起來，或者繼續入睡，就隨你了。

後來我就再沒什麼夢魘。或者說，會了這個方法，大部分類似的經驗都被我化解了。有機會，我也向很多人推介了這個方法。

◎

我們每個人都不免碰上夢魘。

或是在半夜的睡眠中，或是在日常的起居中。或是身體上的。或是工作上的。或是財務上的。或是愛情上的。

你越是想對一件事情使力，卻越是動彈不得，甚至更加惡化，那就是夢魘。

對付夢魘，不能用大力。不能多一點力氣，只能少一點力氣。任何角度，都只能少一點，而不能多一點。

少一點，有點像是從右手最後一根小指的第一個關節開始。

◎

今天是個「加法思想」當道的時代。什麼事情，都多一點才好。或者說，即使主觀上不想再多了，但是客觀上還是不由自主地多起來。

在這樣的氛圍裡，我們這一次做《少一點》的題目，有人問我，是不是相當於要談極簡主義？

看起來有點像，但也應該很不同。

對一個生活裡已經被「加法思想」纏身或加身，進退不得的人來說，一下子要「極簡主義」是很難的。那有點像是要他一下子卸下千斤重擔，或是從夢魘中一下子翻身坐起。

他要脫困的唯一之道，是「少一點」的思路。

只有在他被困住的那個因素上，他想到現在應該先「少一點」，他才會想出，以及看出後續的其他方向。

「少一點」（而不是「少很多」），聽來沒那麼大犧牲，沒那麼不可能，所以比較容易活動起來。

少一點之後，才會有其他的可能。 ▧

Net and Books 網路與書 20

少一點

經營顧問：Peter Weidhaas　陳原　沈昌文
　　　　　陳萬雄　朱邦復　高信疆
發行人：郝明義
策劃指導：楊渡
本輯責任編輯：藍嘉俊
編輯：冼懿穎・葉原宏・陳秋雯・傅凌

叢書主編：劉慧麗
網站編輯：莊琬華

北京地區策畫：于奇・徐淑卿
美術指導：張士勇
美術編輯：倪孟慧・張碧倫
攝影指導：何經泰

企畫副理：鍾亨利
行政兼讀者服務：塗思真
法律顧問：全理法律事務所董安丹律師

出版者：英屬蓋曼群島商網路與書股份有限公司台灣分公司
台北市105南京東路四段25號10樓之1
TEL：(02)2546-7799
FAX：(02)2545-2951
Email：help@netandbooks.com
網址：http://www.netandbooks.com
郵撥帳號：19542850
戶名：英屬蓋曼群島商網路與書股份有限公司台灣分公司

總經銷：大和書報圖書股份有限公司
地址：台北縣新莊市五工五路2號
TEL：886-2-8990-2588
FAX：886-2-2290-1658
製版：瑞豐實業股份有限公司
印刷：詠豐印刷股份有限公司
初版一刷：2005年12月
定價：台灣地區280元

Net and Books No.20
Less
Copyright © 2005 by Net and Books
Advisors: Peter Weidhass　Chen Yuan
　　　　　　Shen Chang Wen　Chan Man Hung
　　　　　　Chu Bang Fu　Gao Xin Jiang
Publisher: Rex How
Editorial Director: Yang Tu
Executive Editor: Chia-Chun Lan
Editors: Winifred Sin・Yeh Yuan-Hung・Karen Chen・Fu Ling
Book Series Editor: Liu Huili
Website Editor: Lucienna Chuang
Managing Editor in Beijing: Yu Qi・Hsu Shu-Ching
Art Director: Zhang Shi Yung
Photography Director: He Jing Tai
Marketing Assistant Manager: Henry Chung
Administration: Jane Tu
Net and Books Co. Ltd. Taiwan Branch（Cayman Islands）
10F-1, 25, Section 4, Nanking East Road, Taipei, Taiwan
TEL：+886-2-2546-7799
FAX：+886-2-2545-2951
Email：help@netandbooks.com
http://www.netandbooks.com

本書之出版，感謝永豐餘及摩根富林明集團參與贊助。

CONTENTS
目錄

PART 1 希望

PART 2 對照

PART 3 人物

PART 4 美學

PART 5 方法

永續

掌握世界的變動節奏，拉近人文和經濟的落差，

以利他的理念，落實企業的經營和社會的責任。

保育

永豐餘　http://www.yfy.com

奈米、生物科技透過e化的平台，不斷地在造紙、印刷、顯示等產業

創新服務，共創優質生活的未來。

part 1

希
望

統計整理—編輯部

神啊！

請給台北市少一點……

政治人物（第1名：676分，占總分12.8%）

如果我們那麼容易仇恨、不信任另外一群和我們不同的人，那也是因為太多政治人物在一旁煽風點火的緣故。政治人物少一點，大概所有人（也包括政治人物，但他們考量的可能是競爭對手少一點）都舉雙手雙腳贊成吧！

空氣污染（第2名：563分，10.7%）

台北沒什麼工廠，主要的污染來源就是滿街的汽車、機車，你是否也是共犯之一？多走走路、騎自行車、搭乘大眾運輸工具吧！當然，政府也要提供那樣的發展環境，同時，多留幾塊綠地，讓人在市區中也可大口呼吸新鮮空氣。

物價（第3名：526分，10.0%）

物價上漲率高過銀行定存利率，已教一般人受不了了，何況還是住在首都中。同樣的一頓飯、一杯飲料，台北就是要賣的比別的地方貴。台北生活大不易！

犯罪（第4名：502分，9.5%）

如果，躲在暗處抓違規的交通警察，能去支援打擊犯罪，台北的治安會不會好一點？如果教育正常、社會價值不被扭曲、人人有同理心有發展機會，犯罪會不會少一點？

媒體的八卦流言（第5名：484分，9.2%）

近年來越隱晦越當紅、最莫名其妙的概念：「爆料」、「再爆料」。夠了！真的是夠了！但沒有閱聽大眾的支持，八卦媒體又如何呼風喚雨，流言又如何流得到處都是呢？

汽車、機車（第6名：375分，7.1%）

很奇怪，台北有了捷運和密集的公車路網，為什麼還是有那麼多人喜歡「自己來」？觸目所及，到處都是汽車與機車，讓這個地少人多的城市更加擁擠。道路的闢建速度永遠不及車輛成長速度，最後是大家都塞在路上，誰也到不了目的地。

台北市，匯集了全台最多的資源與目光。

台北人，有豐富的生活可選擇。

但更多不代表更好。

東西一旦過量，就會令人受不了。

停下腳步，想一想，關於這個城市，

關於自己，什麼東西應該要少一點……

你的答案，和別人一樣嗎？

（問卷表格詳見第14頁）

光喊不實現的口號（第7名：315分，6.0%）

上位者為我們勾勒了一個美麗的藍圖，很好，但請記得要有後續動作，別只開空頭支票。我們辛苦繳的稅，是要給行動者推動計畫用的，不是用來養鸚鵡的——只會說，不會作的一群鸚鵡。

阻礙通行的路霸（第8名：291分，5.5%）

隨便亂停車的傢伙是可惡的，將貨品堆出店外的商家是可惡的，畫地為王的攤販是可惡的。他們霸占了人行空間、侵犯基本的步行權利，讓台北成為弱肉強食的都市叢林。連好脾氣的導盲犬可魯也討厭這些人！！

選舉（第9名：282分，5.4%）

從媒體的版面篇幅來看，外國人一定以為台灣人是全世界最熱衷選舉的民族，實際上，有那麼多民眾厭倦它。選舉像一面鏡子，可以照射出人性及群眾醜陋的一面。但我們都已經知道啦！不用一再提醒了。少一點選舉，讓社會人心喘口氣吧！

噪音（第10名：251分，4.8%）

通勤時經過車水馬龍的市區，身邊還坐著一個用手機大聲嚷嚷的傢伙，真遺憾，這是被迫接受的噪音。電視節目裡瘋狂的新聞追逐、政論call in對罵與煽情的戲劇對白，則是自己選擇的噪音，你只要把選台器丟開，寧靜自然就來。

人口（195）、垃圾（161）、交通時間（145）、鐵窗（122）、冰冷的建築物（114）、遊行抗議（83）、廣告傳單與招牌（78）、雨天（52）、工程與開發（50）

其他：還有人覺得，以下這些……

路上漂亮妹妹穿的衣服、政府官員的薪水、勾心鬥角、崇尚消費的價值觀、仇恨批評、謊言、冷漠、自以為是的人、酒後駕車的人、自殺的人、抽煙的人、學佛的人、公務人員、機車的人、白目的人、小人、豬頭、政府機關、高等教育、政論call in節目、嘩眾取寵的節目、女星未婚就當媽媽的新聞、無聊的吵架的犯罪的奢華的新聞、百貨公司、難看的藝術品、流浪動物、爛書、狗屎——全部也都該少一點！！

神啊！

請給我自己少一點……

負面情緒（第1名：805分，占總分15.5%）

　　請注意，這個選項的分數，遙遙領先其他！什麼事情讓台北人悶悶不樂？也許該給自己一個安靜的角落、一段不被打擾的時光、一個想法角度的轉換。

體重（第2名：568分，10.9%）

　　不知這顯示台北人非常重視外表、還是非常重視健康。嫌自己胖，要問的是吃得太多？還是運動太少？或者是，誤拿模特兒的標準來衡量自己、自找苦吃？

帳單（第3名：494分，9.5%）

　　怪帳單多，不如先反省自己是否慾望太強、消費不知節制，還是太寵愛小孩？你不在櫥窗前駐足然後大步走進店裡，不爽快地把卡掏出來，帳單是不會寄到你家的。不然，期待中個樂透吧！

生活、課業壓力（第4名：478分，9.2%）

　　「忙忙忙，忙忙忙，忙是為了自己的理想，還是為了不讓別人失望」，李宗盛的這首〈忙與盲〉，道盡了現代人的壓力與失落。你要認清這個競爭社會的本質，或者遊戲人間。

工作（第5名：436分，8.4%）

　　「錢多事少離家近，睡覺睡到自然醒？」別傻了，只要不被操得飲食、睡眠、休閒無一不正常就謝天謝地了！台灣人的工作時數全球排名第一，工作效率卻不是，無止境的加班絕非解決之道啊！

慾望（第6名：23分，8.1%）

　　現代人的慾望，是否多半集中在物質與財富？信用卡已經不夠用了，現金卡、還有各種代償、周轉的服務，已經將台北構築為一座慾望城市。人心的貪念是永遠無法滿足的無底洞，小心不要成為慾望的奴隸囉！

雜務（第7名：241分，4.6%）

雜務像一團打結的毛線球，陷在裡面就出不來。雜務讓時間變得零零碎碎。或許你心腸太好、或許你效率太差，讓你有面對不完的事情。不如放自己一天假，推掉所有雜務，你將發現沒有你，世界仍然運轉的很好。

看病（第8名：234分，4.5%）

複雜的生活環境和生活壓力讓現代社會多了一些莫名其妙的病痛。勿捨本逐末，只顧著外在追求，而忽略了最基本的身體健康。多一點運動與健康管理，別到了問題找上門才設法補救、病急亂投醫。

熬夜（第9名：227分，4.4%）

熬夜是為了工作？課業？或是狂歡作樂、玩連線遊戲、猛K一整套韓劇日劇港劇偶像劇？生命不能時常這樣燃燒——老闆，饒了我吧！升學主義，饒了我吧！你，饒了你自己吧！

垃圾食物（第10名：197分，3.8%）

薯條漢堡可樂，洋芋片炸雞排再來一杯珍珠奶茶，今天你又吃了多少熱量進去了呢？垃圾食物給人體帶來的是過剩的卡路里，還是多忍耐節制一些吧——但你還是照吃不誤，對不對？

等待（170）、會議（139）、皺紋與白頭髮（107）、上網（104）、另一半與家人的約束（95）、垃圾郵件（95）、看電視（76）、應酬（64）、包紅包的機會（62）、買衣服（58）、菸酒（56）、情敵（51）、講電話（23）

其他：還有人覺得，以下這些⋯⋯

年紀、婚姻壓力、生理痛、愚蠢、頹廢、小心眼、冷漠、發呆、抱怨、要看的書、家事、責任感、浪費的時間、無聊的時間、黑眼圈、痘痘、便秘、度數、不運動的藉口、msn好友的名單、頂頭上司、酒肉朋友、壞同學、負債、高爾夫桿數——全部也都該少一點！！

「台北應該少一點……」
問卷調查表

統計方式：每一大題可挑五個選項，最希望少一點的得5分，接下來為4、3、2、1。調查方式以網路調查為主。

一、在台北市，您覺得什麼東西要少一點，生活才會更好？

[ ] 空氣污染少一點
[ ] 人口少一點
[ ] 交通時間少一點
[ ] 物價少一點
[ ] 政治人物少一點
[ ] 垃圾少一點
[ ] 汽車、機車少一點
[ ] 冰冷的建築物少一點
[ ] 阻礙通行的路霸少一點
[ ] 遊行抗議少一點
[ ] 工程、開路少一點
[ ] 鐵窗少一點
[ ] 噪音污染少一點
[ ] 雨天少一點
[ ] 光喊不實現的口號少一點
[ ] 廣告傳單、招牌少一點
[ ] 媒體的八卦流言少一點
[ ] 選舉少一點
[ ] 犯罪少一點
[ ] 其他

二、您覺得自己什麼應該少一點，日子才會更幸福？

[ ] 皺紋、白頭髮少一點
[ ] 體重少一點
[ ] 工作少一點
[ ] 應酬少一點
[ ] 垃圾郵件少一點
[ ] 包紅包的機會少一點
[ ] 生活、課業壓力少一點
[ ] 等待的時間少一點
[ ] 會議少開一點
[ ] 情敵少一點
[ ] 帳單少一點
[ ] 煙、酒少碰一點
[ ] 上網時間少一點
[ ] 電話少講一點
[ ] 垃圾食物少吃一點
[ ] 電視節目少看一點
[ ] 衣服少買一點
[ ] 負面情緒少一點
[ ] 熬夜少一點
[ ] 另一半／家人管的少一點
[ ] 病少看一點
[ ] 雜務少一點
[ ] 慾望少一點
[ ] 其他

基本資料
有效份數：355份

☐ 男性
☐ 女性

35.5%
64.5%

2.8% ┌ 1.7%
9.9%
37.2%
48.4%

☐ 50歲以上
☐ 40~49歲
☐ 30~39歲
☐ 20~29歲
☐ 19歲以下

「少一點」的聯想

如果你真的很好奇中文字裡到底有沒有「少」：少一「、」這個字，答案是有的。查《辭海》，它會告訴你這個字的部首是止部，「他薩切，音捷，曷韻。蹈也，見《説文》。徐灝箋：『少，古蹋字。』按佩觿集，步字從此。」原來古人一早就有先見之明，少一點，就是腳踏實地，多一點，最後反而欠缺了。

雙胞胎：多和少，在自然定律下永遠都被扯在一起，好像一對注定要在一起的雙胞胎。同卵孿生的多和少雙胞胎，就是說看起來都是一樣的，像沙灘上少了一粒沙和多了一粒沙，或夜空少了一顆星和多了一顆星，一般凡人是無法分辨出來的——除了詩人布萊克（William Blake）之外。

失之毫釐，差之千里：多一點和少一點要拿捏準確。只要稍一不慎多了一點，像整容醫師割多了一刀，雙眼皮就變成大小眼；女明星若是「不慎」露少了一點，就當不上八卦雜誌的封面人物。

父母的關愛語：少吃一點零食啦、少喝一點可樂啦、少看一點電視啦、少玩一點電動啦、少去一點網咖啦……這些讓聽者心裡立時湧上一陣反感、說者卻出自善意的叮嚀，會否勾起你許多童年陰影呢？

阿扁的夢想：2003年陳水扁總統應邀出席平溪天燈節，在二十呎的天燈上除了寫著常見的「風調雨順，國泰民安」之外，還特別寫了「雨水多一點、口水少一點」的願望。兩年後的今天，天公好像不太賞識總統的創意，願望似乎落空了，我們唯有觀望明年，一年復一年唧唧復唧唧，惟聞扁嘆息……

The French Paradox：看起來好像很不可思議——愛吃高脂肪食物、愛喝酒、愛抽煙的法國人，整體比美國人少一點患上過胖症、少一點患上心臟病。謎底就在這「少一點」上——食物分量的少一點，讓法國人多一點健康（在美國吃到的中國菜，其分量就比法國的中國菜足足多了72%）。思考題：$299吃到飽，還是$299吃到半飽，你會如何選擇？

家族成員：在意識形態上「少一點」的兄弟姐妹——輕、慢、簡、減、掉、略、省、微、寡、釋、捨、棄、緩、半……

設計師的寵兒：在藝術領域上，少一點很容易讓人聯想到「留白」。在設計領域上則和「極簡」風格扯上關係，一切從簡，無論是少一根柱子的建築物、少了一條秒針的手錶、少了一些按鍵的MP3……成為眾設計師的靈感來源。

平衡等式：
- －（一點大哭）＋（一點感動）
- －（一點狂笑）＋（一點快樂）
- －（一點自傲）＋（一點自信）　＝　自我感覺良好
- －（一點放縱）＋（一點放下）

一個姓氏：一寸少一點，猜一個中國姓氏………答案就是「于」！

■

《網路與書》與《中國時報》浮世繪版合辦了「台北應該少一點……」徵文活動，短短十幾天內即收到兩百七十五封投稿，在一個擁擠繁忙的城市裡，這個議題顯然很能獲得共鳴。以下是入選的五篇佳作。

其中，〈台北創世紀——少一點電視〉是首選。

台北創世紀——少一點電視

文 鳳翔

一點點就好，讓這個城市沒有電視，七天就好。

那很可能是某個會讓當時活著的所有台北人說嘴一輩子的早晨──天亮，整個城市醒來之後，總統府不見了。

是的，記者目前所在的位置是已經消失的總統府正前方，各位觀眾可以看到的是總統府已經整個消失了，目前原地只剩下一大片發出惡臭的的爛泥，在場蒐證的警方表示，這起事件沒有任何目擊者，但是警方已經掌握有力跡證，已鎖定特定對象，全力追緝中。

關於連同總統府一起消失的總統及副總統等人，在野黨呼籲，執政當局應該有擔當，應緊急派遣人員搭乘幽浮前往火星尋找失蹤的國家元首。

記者陳建宏，凱達格蘭大道前連線報導

現場交還給主播。

第二天，所有的電視機承受不了這樣的新聞，在深夜裡約好一起離家出走。

第三天，整個城市充滿了在街頭狂奔尋找電視機的難民，在各大電器行衝進衝出，對交通與治安造成嚴重影響。估計台北市區一日發生了約二十起的商店搶劫事件。並且有大量難民湧出台北地區，朝中南部搶購電視。

但是沒有電視願意進入台北市。

第四天，少數被難民持槍挾持進入北部災區的電視機在街頭集體自爆，造成週邊商店非常嚴重的損害。

第五天。第六天。第七天。

天氣冷了，人們逐漸回到家裡，逐漸不再上街暴動。

他們在睡前，轉頭看到書架上那本買了很久都沒有拿下來讀的小說。偏頭想了一下之後起身，輕拍掉書上積的灰塵，點起一盞小小的燈，打開來讀第一頁。

沒有人再想起總統府消失之後留下的爛泥。

第七天，離家出走的電視機們在夜裡默默回到家中，一跳一跳，跳回電視櫃裡。所有回到家的電視同時輕輕嘆了口氣，胖胖的身體回頭，把尾巴插頭插起來。

「一點點就好，讓這個城市沒有電視，七天就好。」所有胖胖又委屈的電視這樣說，便在夜裡沉沉睡去。

據說警方仍持續追查在逃的電視機。

作家隱地有一首詩叫作「耳朵失蹤」，詩的內容裡有這麼幾句：

口沫橫飛的年代，所有的嘴巴都在尋找耳朵……
整座城的嘴巴，全在張合著
人們的臉變得像一架探照燈
四面八方通緝　逃亡的耳朵

如果我們試著將這首詩轉成畫面，配上音效，再加一點想像，就會浮現卡通式的誇張情節。俯看過魚池子裡爭吃飼料的嘴巴嗎？一張一合打大口吞吐，還發出噗噗噗的聲響，而那些臉孔上你熟識的、不熟識的、電視畫面裡經常出現的——大嘴小嘴、厚唇薄唇、或塗著鮮紅蜜絲佛陀的——器官，蠕動著還不時吐出泡泡。很不幸，我就是其中之一，靠嘴吃飯的廣播人怎能不說呢！而且為免冷場還得喋喋不休、甚至於腦袋空空嘴仍說個不停，沒辦法！多年工作練就的職業病。今年（2005）報名金鐘獎節目主持人，台內長官在聽試聽帶的時候，給的評語是主持人的話太少了，怎麼都是來賓在說呢？這樣如何凸顯主持人的權威與專業？

哦！我明白了！原來搶著說話是因為專業和權威。

可是老祖宗說過大音希聲呀！

一位資深出版人曾就台灣今天的出版現況說了語重心長的一段話，他說知識普及的年代，人人都會寫，作家越來越多，讀者卻越來越少，出版業看似興盛，但擲地有聲、可傳世的經典屈指可數，就別說經典，連夠水準的作品都不多了！而這些話是不是正好回應先前的那首詩呢？讀者少了聽眾又在哪裡呢？無怪乎人人喊寂寞，因為你說的沒有人去聽。無怪乎心理治療師強調傾聽的重要。

就在上個月，我退出了工作二十三年的職場賦閒在家，老實說剛開始真的很不習慣，原本密密麻麻的行事曆上如今空空如也，每天不停蠕動的嘴一天說不上幾句話……但突然間我覺得好知足，清晨蹓狗的時候鳥鳴清脆；夕陽裡秋日芒草染上一片金黃；辛意雲老師的美學課，講到魏晉南北朝政治混亂期醞釀的文學及思想上的豐饒；流浪者之歌裡悉達多求道……身邊的朋友年紀輕輕的罹癌或喪子，人生的舞台上什麼戲都在上演，也隨時落幕，又有什麼樣的角色該緊緊捉住不放呢？何況不過是少說幾句話……

少說話讓我聽到了許多、看到了許多……

作家的這首「耳朵失蹤」，頭一句就問：黃鶯還肯唱歌嗎？

台北人的話如果少說一點，說不定就可以聽見黃鶯歌唱哦！

聽見黃鶯歌唱 —— 少說一點話

老祖宗說過大音希聲呀！

文—徐行

停一停——少忙一點點

曬曬久違的太陽，吹吹真正的清風，放童年的頑皮湯姆出來天馬行空。

文—歐陽玉

在台灣，從腳到頭由東至西轉來去返十多年，每每擦肩而過的台北對我而言始終是個轉運站；台北之於愛好自然的我，一直是個無法投緣的城市，彼此間的格格不入，讓我像顆突兀的石塊卡在那兒，連呼吸都覺得困難。

然而暑假時，與我最親近的妹妹，卻選擇了在台北置產，作為安身立命的永居之地。在她因課業工作兩頭燒，為了遲遲入不了厝而苦惱時，身為親愛姊姊的我，正值無職一身輕的賦閒狀態，責無旁貸的就扛起代為搬家整頓的重責大任。

除了時間之外一無所有的我，秉持著能省則省的最高指導原則，一切廢物利用自己DIY；所以在整頓新厝的閒暇時，我開始在台北街頭逛盪，不是翻找路邊的破碗爛椅、磁磚板材做裝置，就是摘幾枝怒放的松葉牡丹，或非洲鳳仙回家扦插當盆栽。隨著發現的東西越多，冒出的創意也勃勃而生，白色的大花鬼針，嬌紅的野人蔘，隨地的水管枯枝都是妝點布置的好材料。

擱下偏見的心，我這才發現：原來，台北的自然是藏在繁華的忙碌裡，台北的藍天得要等一等才看得見；在霓虹閃爍影音充斥的夜裡，獨自登上公寓的樓頂，也能瞥見含羞帶怯的星點月光朝著我微笑；關上電視音響，蟲唧鳥囀並沒有不見；甚至在清晨，車陣轟隆未響時，我竟聽到了微風的竊竊低語與行道花木的深緩吐納。

想起了在《麻雀變鳳凰》這齣電影中，李察吉爾赤腳踏上摩天大樓前園草皮的那一幕；野生的青澀、泥土的濕黏、露珠的沁涼，得脫去了鞋襪，才能真真實實的感受到。不擇手段的奸商因此有了良善建設性的決定。

台北是不是少忙一點點，讓過度刺激的心靈平靜一些？是不是停一停，讓塞滿東西的胸口喘一喘？是不是可以暫時放下陳哲男和周侯戀，躺在附近公園的草地上，曬曬久違的太陽，吹吹真正的清風，放童年的頑皮湯姆出來天馬行空？

只要少忙一點點，就可以嚐出齒頰的米飯香，只要停下來歇一會兒，就可以喝到礦泉水的自然甘甜。

一星期後的新厝，深藍豔紅的搶眼大門，配上滿室免費的花花草草，妹妹看了驚訝，我則得意洋洋於新發現的天賦。

其實，快樂很容易，幸福很便宜！

鐵血消費者 —— 少一點理直氣壯

也許，你的寬容可以改變犯錯者的一生。 文—徐正雄

多年前，我在台北一家著名的五星級飯店當領班時，發生了一件事，至今令我難以忘懷。

由於餐飲業流動性大，因此我任職的飯店和一間高職餐飲科建教合作，之後，每年暑假我們餐廳都會出現一群社會新鮮人，每當像候鳥一樣來報到時，我就會特別興奮，因為他們總會替餐廳帶來熱情的活力，儘管教他們很累。

每當我看他們在職場上跌跌撞撞時，都恨不得傳授出自己數年來的餐飲經驗，希望能替他們免去一些無妄之災。可惜生命經驗就像深山裡的松柏，它無法像熱帶氣候下的植物那樣快速生長。

一杯飲料的傾倒，對常人來說，不過是流失杯中的液體，最壞就是粉碎一只容器，但是那天，當那位臉上還長著幾顆痘痘的新人將一杯調酒傾倒在托盤，繼而噴濺到女客人的衣物服飾時，沒有人會想像到，我們付出的代價竟然高達二十二萬。

我的急救包括給客人一間房休息，立刻送洗衣物，以及不斷的道歉。但是都沒用，事後公司高層付給那位女客人二十二萬元，至於那位肇事的新人必須負擔三分之一的費用，也就是七萬多元，想當然，後來那位新人還清費用後，再也不願從事這份工作了。

至於我，則繼續在餐飲業打滾了幾年，期間也發生過數次類似的事，漸漸的我發現，現在的消費者意識不但抬頭，而且挺胸，這樣的改變當然很好，可是某些人，也因此變成得理不饒人的鐵血消費者。

理直當然可以氣壯，只是某些時候會不會太殘忍，也失去生命的厚度，這讓我們的神經一直停留在淺薄的反射狀態，永遠在防衛，而不肯讓事件傳達到腦中央，繼而深思熟慮想出一個既不傷害他人又可以保護自己的說法，得理不饒人有時候傷人也傷己，殊不知己身最珍貴那份善良與寬厚，已離你而去，而那正是生命持續的密碼。

我永遠忘不了十多年前，在台北火車站附近那家五星級飯店的一段往事，那是我第一次打翻東西，只見那杯身材頭重腳輕的冰啤酒在我的慌亂中，噗一聲倒在托盤裡，然後一股腦兒全滑進客人的領口，就像一道金黃的小瀑布，同一時間，我的思緒也跟著流走。

是副理的陪笑聲驚醒了我，他連忙對客人道歉，並用乾布擦拭客人的頭和手，接著差我到吧台取新鮮柳橙汁給客人消火，結果，當我把柳橙汁和道歉慎重擺在客人面前時，客人笑了，其他目睹一切的客人，也開玩笑的要我把啤酒倒進他們領口，因為可以得到一杯免費果汁。

事後我常常想起這個客人，如果當時他要我賠償，我想，後來的我，絕不會充滿熱情的繼續從事餐飲業，原來他是我的貴人，因為他寬容我，給我機會。我想我們在很多地方都會碰上這種事，當別人犯錯時，不知道你是否願意給他一次機會，也許，你的寬容可以改變犯錯者的一生。

失去星星的台北天空 —— 霓虹燈少一點

在沒有光線窺探的黑暗之中，用最真實的語言與自己的心靈對話。

文—張耀仁

我是一個隻身來到台北讀書的小孩。

我的家鄉位於中部的鄉下，一直以來，總對於繁華的台北有一種憧憬，一種夾帶著夢想式的想像，很久以前便深植我心。後來也順利地考上台北的學校，進入這個令我嚮往許久的城市。

來到台北以後，果真如我所想像一般的繁榮，大條馬路和街上，車輛與行人熙來攘往，這個城市讓我覺得充滿了活力；而一棟棟高聳的大樓比鄰而立，彷彿宣誓著這個城市的精神奕奕，於是初次來到台北的我，便深深地受到吸引。

不過，我總覺得這個城市少了些什麼，讓我走在擁擠的街頭，卻感到無比的孤獨與寂寞。

後來，我發現這個城市竟然沒有黑夜，於是星星也跟著不見了。

應該是亮度吧，我想。這個城市到了晚上，便是霓虹燈的世界，五顏六色的霓虹燈鋪滿整面大樓的外牆，像是裹上一層鮮豔的糖衣；店家的招牌閃閃爍爍；人行道上的路燈一個比一個精采；就連公園的廣場也總是鑲嵌著七彩的燈光。

好像害怕被黑夜吞噬一般，這個城市總趕著在夕陽尚未落入之前，忙著增加自己即將失去的亮度，在應該黑暗的時刻，倔強的對抗著。

於是，我也看不到星星了。

每當我在夜晚騎車行於忙碌的台北街頭，總會想起以前在鄉下坐火車的時候，我總是留在學校溫習功課到很晚才回家，而火車往往只剩下一班平快車。還記得，在到達我家附近的車站前，火車必須穿過一片廣大的稻田，白天的稻田有辛苦的農夫在耕作，而當我回家的這個時刻，便只剩下一片漆黑，這時寬闊而幽暗的天空，總是點綴著無數的星光，彷彿訴說著那幾億光年遠的故事。我總喜歡靠著窗，感受那難得的靜謐，心情也隨著星光而閃爍不已。

也許被霓虹燈包圍的城市是美麗的，但是我希望台北的夜晚可以少一點亮度，讓我們可以看見星星，並與它們對話。

這個城市太善於掩藏自己對於黑暗的渴望，其實我們不都渴望著一些可以隱藏自己的黑暗嗎？畢竟我們總被陽光的刺眼，照的不能自我，而必須赤裸裸地攤在陽光下讓人檢視翻閱。

台北應該少一點亮度，而多一點黑暗，這樣我們才可以更誠實的面對內心的脆弱，並在沒有光線窺探的黑暗之中，用最真實的語言與自己的心靈對話。 ■

童話人物的「少一點」

童話之所以流傳久遠，深入人心，就是因為童話人物往往代表了各式各樣人類性格的原型。

其實每天生活中都充滿了「多一點」、「少一點」的選擇題，透過這些選擇，你可以知道你屬於哪一個童話人物，也可以藉著這些童話人物的處境得知，你少掉哪一點，生活才會更美好。

1 少吃一點
在豐盛的大餐之後上了精美的甜點與水果，但你已經吃飽了，你會怎麼辦？
a.少吃甜點，吃點幫助消化的水果就好。
b.少吃水果，空出腸胃讓甜點為這一餐畫下句點。

2 少洗一次
寒冷的冬夜要洗澡時忽然發現熱水器壞了，你會怎麼做？
a.少洗一次澡，用毛巾擦擦就算了。
b.就算是洗冷水，還是得要沖一下。

3 少說一點
跟不熟的朋友同桌吃飯，氣氛有一點沉悶，你會怎麼做？
a.少說點話，快快吃完閃人。
b.努力找話題，把場子炒熱。

4 少喝一點
跟朋友出去喝酒，要回家前發現開了的紅酒還剩下半瓶，你會怎麼做？
a.少喝一點，免得喝過頭身體不適。
b.今朝有酒今朝醉，喝完這一杯再回家。

5 少看半本
買了一本暢銷的小說，看了大半本卻一點也不喜歡，你要怎麼辦？
a.丟下不看，放棄這本小說。
b.還是勉強自己把書看完，搞不好看到最後會喜歡。

6 少動一點
跟同事約好每周固定一起去運動，可是沒兩周你就開始倦怠，這時你會怎麼辦？
a.就算了吧，少動一點也不會怎樣。
b.既然開始了，一定要努力堅持下去。

7 少買一件
百貨公司週年慶shopping了一天，把預算花得差不多時，發現一件很想買的衣服，你會怎麼辦？
a.控制預算，少買一件吧。
b.難得折扣當前，先刷卡再說，以後再慢慢還。

8 少穿一件
天氣陰晴不定的時候，早上出門天氣還算晴朗，你會怎麼做？
a.少穿一件衣服，免得多穿多累贅。
b.多穿一件外套，免得到時候變天感冒。

文─繆沛倫
圖─菜市場貓

9　少看一點
原本預定想看的電影，影評卻奇差無比，你會怎麼選擇？
a.別去看了，少花一次冤枉錢。
b.去看看到底爛到什麼地步。

13　少吃一點
夏天到了胃口變差，你會怎麼做？
a.乾脆少吃一點，當作減肥。
b.多加辛香料，口味重一點好下飯。

17　少睡一點
連續假期安排了出國行程，結果因為班機因素半夜才回到家，你會怎麼做？
a.少睡一點，隔天照常上班。
b.直接打電話請假，多休一天消除旅途勞頓。

10　少加一點
捷運快要收班，但是工作還差一點點沒做完，這個時候你怎麼辦？
a.少加一點班，趕快趕車。
b.無論如何還是做完再搭計程車回家，要不然睡覺也睡不穩。

14　少說一點
開會的時候同事提了一個你絕對不贊同的意見，你會怎麼辦？
a.少說一句，等到會後再與他協調。
b.立刻提出反對意見，直接開誠布公的討論。

18　少樂一點
星期五晚上約了朋友打算大樂一場，無奈臨時加班人很累，接下來你會怎麼做？
a.少樂一點，打電話跟朋友取消。
b.照原定計畫赴約，頂多隔天大睡24小時。

11　少租一部
去錄影帶店結帳時，店員告訴你多租一片可以享有優惠價，你會怎麼選？
a.依舊照現在的片子結帳，反正多租了也看不完。
b.立刻多租一片，絕對不浪費這個優惠。

15　少玩一站
在出國旅遊的途中，如果覺得身體略有不適，你會怎麼辦？
a.少玩一站，花一整天在飯店裡頭睡覺。
b.打起精神，繼續玩下去。

19　少逛一點
買洗衣粉的時候發現你經常使用的產品品牌已經賣完了，你會怎麼做？
a.少走路，直接從架上挑類似的產品就好。
b.找下個賣場，一定要買到常用的牌子才行。

12　少用一次
臨睡前忽然發現牙膏用完了，這時候你會怎麼做？
a.少用一次牙膏，直接用牙刷刷一刷了事。
b.還是出門去買了牙膏回來刷完才睡。

16　少帶一把
最近的天氣有點忽雨忽晴，早上出門的時候看起來天氣還算晴朗，你會怎麼做？
a.少帶一把傘，跟天氣對賭。
b.還是別怕麻煩，隨身帶傘比較安全。

20　少添一點
如果喝咖啡的時候只能添加糖或奶精，你寧可怎麼辦？
a.少添一點奶精。
b.少添一點糖。

A

B

C

D

龜兔賽跑的烏龜

烏龜爬呀爬，奮力爬了好久，終於超過了正在熟睡的兔子，儘管很辛苦，但是他知道，只要繼續爬，終點站就在不遠的地方。

當隻烏龜真不是件容易的事情，照著自己的步調過日子，還要遭到周遭跑得快的兔子的嘲笑。不過烏龜有著按部就班的性格，所以往往能夠後來居上，成為事業成功的人士。

少一點工作，你會過得更好！

烏龜型的你有點缺乏生活情趣，彷彿你的人生就只是為了責任而活。做你的家人尤其辛苦，因為雖然你對家庭的責任感很強，卻一心放在事業上。所以放掉一點事業心多陪陪家人吧，這樣你的日子會過得快樂得多。

糖果屋

韓森與葛蕾特被巫婆引誘進了糖果屋，巫婆搖醒葛蕾特對她說：「快起來煮點好東西給你哥哥吃，把他餵肥了，我要把他吃掉。」

格林童話裡頭的《糖果屋》中餓著肚子的韓森與葛蕾特看到森林裡頭竟然有一座美味的糖果屋，還被屋主迎進門奉為上賓，誰知道屋主是個巫婆，還要把他們餵肥了宰來吃。俗語說「烏雲總是鑲著金邊」，但是也別忘了，金邊裡面依然是烏雲。

少一點放縱，你會過得更好！

屬於糖果屋型的你，面對困窘的時候，總是願意放自己一馬，因此比許多人少了一點憂鬱，多了一些開懷。可是從另外一方面來說，放輕鬆過了頭就是放縱，過分的放縱雖然使你快樂，但是也造成了許多身體的負擔與精神的浪費，所以要放鬆而不要放縱，是你最重要的人生功課。

小紅帽

小紅帽出了門之後，看見陽光燦爛花朵正美麗，
就忘了媽媽的叮嚀，往森林深處走去……

　　童話裡頭的小紅帽帶著媽媽做好的餅乾與葡
萄酒要去探望生病的外婆，可是她一出門就忘了
媽媽的叮嚀，邊走邊玩以致於遇到了大野狼。
「小紅帽」型的你有著赤子之心，凡是新奇好玩的
新鮮事，絕對可以抓住你的目光。

少一點衝動，你會過得更好！

　　儘管有著超強的行動力，又有著強烈的好奇
心，你的行動力為你帶來成功，但是無可控制的
衝過頭，也是造成你失敗的關鍵。所以少一點暴
躁，出手出口之前多想想，不但人際之間更圓
融，也會降低因為盲目衝動帶來的錯誤選擇。

國王的新衣

兩個騙子對國王說，他們可以織出全世界最美麗的
布，而且，最神奇的是，愚蠢的人看不見這種布……

　　對於「國王」性格的你而言，感官之愉帶來的
滿足是人生喜悅的來源。所以要討好你實在很簡
單，只要請你吃頓好吃的東西，送個美麗的小東
西，就可以讓你立刻心軟。

少一點物欲，你會過得更好！

　　熱愛這個世界上色聲香味觸的你，儘管容易被
討好，可是物欲太強的結果，會蒙蔽你的智慧。如
同「國王的新衣」裡頭愛穿新衣的國王一樣，在他
擁有全世界美麗的衣服後，再華美的衣服也無法滿
足他。所以不妨少一點色相之欲，學習清清淡淡過
生活，你會活得更有智慧。 ■

本文作者為占卜師、文字工作者

「少一點」的親戚

在很多方面，我們都需要少一點：

慢一點：速度上的少一點。為了不錯失沿途美麗的風景，為了不搶快而造成遺憾，所以，我們需要慢一點。

輕一點：重量上的少一點。不僅為了美麗，也為了能夠讓生命自由自在地飛舞，所以，我們不要沉重。

靜一點：聲音上的少一點。過多的噪音壟斷我們傾聽的權力，於是，我們會很容易遺忘，什麼叫做天籟。

柔一點：脾氣上的少一點。柔者，道之用。滴水能穿石，贏家總是能堅持到最後的人。

軟一點：態度上的少一點。即使理直可以氣壯，但也不用得理不饒人。

小一點：分量上的少一點。吃完一個八吋蛋糕，遠不如吃完八分之一塊八吋蛋糕來的幸福。

淡一點：味道上的少一點。麻辣雖然刺激，但是，食物真正的美味，卻是不受調味料干擾的原始風味。

省一點：使用上的少一點。世界上沒有取之不盡的資源，每一次使用都伴隨著無形的耗損，為了未來，我們需要省一點。

低一點：高度上的少一點。天際線不應該被巨大的建築物取代，櫛比鱗次的高樓，應該縮短他們的身高，讓陽光可以灑落大地。

暗一點：亮度上的少一點。把光亮留給白天，夜晚，就跟著月光、星光和螢火蟲一起進入奇幻世界。

謙一點：自我上的少一點。因為知不足，所以有繼續追求充實的空間。

近一點：距離上的少一點。拉近擁抱的距離，才可以感受彼此的溫暖，特別是在寒冬中。

冷一點：溫度上的少一點。除了可以保持頭腦清醒，還可以保存食物的鮮美，延緩腐敗。

鬆一點：狀態上的少一點。預留一些空間，可以四面八方伸展，避免一不小心就「斷了氣」。

實一點：虛偽上的少一點。不懂得計算利益，不知道耍小聰明，所以，世界可以美好一點。

短一點：時間上的少一點。特別是講電話的時間，如果換成面對面的談話，治療效果會好一點。

舊一點：喜新上的少一點。新鞋磨腳，新手磨人，情人是老的好，歷史才更耐人尋味。

隨一點：執迷上的少一點。花開須折，因為美麗易逝，朽木難雕，所以長看宇宙。

簡單一點：慾望上的少一點。不役於物，所以自由。

■

part 2

對
照

自由揮霍，揮霍自由

美國文化中少一點趾多一點的歷史過程

文—楊照

清教徒這樣一種極度簡樸的生活風格，卻製造出弔詭的結果。捨命工作卻從不消費，使他們成了最有效率的財富累積者，也成了「累積財富只為累積更多財富」的資本主義精神化身。

女畫家Jennie Augusta Brownscombe（1850-1936）的作品「The First Thanksgiving」，描繪早期移民美國的清教徒和印第安人一同慶祝感恩節。（© Burstein Collection/CORBIS）

1939年美國好萊塢生產的電影中，有一部賣座大片，由亨利・金導演，亨利・方達主演的《蕩寇誌》（Jesse James）。這是一部根據真人實事改編的作品，主角傑西・詹姆斯是十九世紀後期，美國最有名的大盜。

電影裡面有一段經典劇情，一個老寡婦被兇惡的銀行行員逼催貸款及高得嚇人的利息，老寡婦如何苦苦哀求都動搖不了銀行行員的心意，在她萬念俱灰之際，傑西・詹姆斯出現了，慷慨大方交給老太太一大筆錢，教她去跟銀行把欠債清算了事，老太太不敢相信如此幸運的事會降臨自己身上，又喜又驚地問：「可是，那我要怎樣還你這筆錢呢？」傑西・詹姆斯露出瀟灑的笑容，說：「什麼錢？妳沒有欠我錢，夫人，一毛錢都不欠。」

下一個鏡頭，傑西・詹姆斯帶著同伴，衝進那家為富不仁、放高利貸的銀行，將金錢洗劫一空，臨走時對嚇得面色蒼白的銀行老闆跟行員說：「我只是來拿回自己的錢而已！」兩聲警告式的槍響後，一夥人揚長而去。

潛藏的矛盾

英國史家霍布斯邦在他的名著《盜匪》中，說：「傳說裡的傑西・詹姆斯……，就從來不曾搶過傳道人、孤兒寡婦，或前南軍將士。更有甚者，他還是一名虔誠的浸信會教友，並在教會唱詩課裡教過唱呢。在密蘇里自耕小農的心目中，這簡直就是證明一個人真心為善的極致，他們再想不出比『好人』更好的美詞來表揚傑西了。」

不過作為史家，霍布斯邦不忘提醒──「在此，現實與形象不免有所衝突。」是的，而且，衝突還不小。依據越來越多的史料顯示，傑西・詹姆斯是個強盜頭子沒錯，到1876年就逮之前，他帶領的匪徒們在密蘇里一帶橫行，他是沒搶過「前南軍將士」，因為他自己就是南方邦聯的支持者、信仰者，他的打劫行為有一部分出於不承認南北戰爭結果，要以非法暴力遂行對北方人士殺戮報復游擊戰的動機。重要的是，沒有證據顯示，他曾經將搶來的財富，用在別人──窮人、被欺負的人──身上，搶來的錢還是都由他們一夥人自己吃喝嫖賭揮霍掉了。

傑西・詹姆斯明明是「盜」，然而傳說卻將他美化為「俠」或「俠盜」。事實與傳說之間的落差，正清楚反映了美國社會價值始終內在潛藏的矛盾──如何看待財富的矛盾。傑西・詹姆斯一夥人，專門搶銀行跟鐵路火車，而銀行與鐵路，正是美國資本主義最重要的象徵機構。明明銀行和鐵路，徹底改變了美國，然而還有眾多美國人，寧願自己的社會停留在清教時代，大家安貧好義，而且沒有什麼可見的富裕奢侈。傑西・詹姆斯的傳說，具體而微說明了這兩股衝突力量在美國歷史上的重要性。美國人一方面崇拜財富，另一方面又厭惡財富，兩極化的衝突下，他們多麼希望有人能扮演起「財富正義俠盜」的角色。

我們可以用韋伯的概念來理解美國社會的「財富情結」。最初去到北美十三洲殖民的，大多數是不願繼續忍受宗教迫害的清教徒們。他們的信仰、他們看待世俗生活的方式，正是韋伯《新教倫理與資本主義精神》中所分析的。這些清教徒不信任教會、不信任外在權威、更不信任世俗世界的享受。他們生命主要的目標，在於虔信追求救贖，而要證明自己值得被上帝救贖的方式，就是刻苦努力，拒絕可能腐化虔信精神的誘惑。

清教徒幾乎反對任何可以帶來快樂、愉悅的東西。甚至連安穩溫暖、有著美麗裝飾的教堂以供崇拜上帝，他們都不能忍受。音樂對他們而言，簡直就是魔鬼的墮落召喚。更不要說與肉體有關，飲食男女之間帶來的刺激興奮了。

累積財富的樂園

這樣一種極度簡樸的生活風格，卻製造出弔詭的結果。時時以「七原罪」為念的清教徒，不敢休息怠惰，不斷逼促自己工作，工作帶來成果，他們又萬萬不能貪圖成果成就，捨命工作卻從不消費，就使他們成了最有效率的財富累積者，也成了「累積財富只為累積更多財富」的資本主義精神化身了。

美國清教徒還有一項歐洲清教不具備的條件。他們在一塊新天新地重新開始，強烈的自主意識使他們反對任何集中型權威的形成。這裡沒有舊王室，也沒有新興驕傲的民族國家政府，因而也就沒有什麼力量可以強迫美國人將自己手中的財富交出來，沒有人可以有效消費分配他們的財產。

這樣的過程，無可避免造成兩種結果。一是財富累積，為了讓財富累積更多，證明自己世俗成就保障救贖機會，資本運作就隨而快速出現了。第二種結果是，長期缺乏有力分配機制的情況下，必然製造出越來越明顯的貧富不均狀況。

而且我們別忘了，北美殖民地其實不完全是清教徒的天下。除了新英格蘭那些土裡土氣的清教徒以外，在原名「新阿姆斯特丹」，後來改名為「紐約」的地方，還有強烈的荷蘭遺產。紐約港、紐約州進而成了最有資本主義冒險精神的中心，洵非偶然。十九世紀中，紐約作火車頭，帶動了新英格蘭的「資本主義轉型」。

十九世紀後半，是美國集體社會性格轉變的關鍵時刻。以前被視為「猶太罪惡」的銀行到處林立，藉由相對較為安全的存款機制，保障並加速了資本累積，「財富」從個人家中快速流向銀行，變成了可用在各種投資上的「資本」。

那段時期，驚人、醒目的投資標的，首推鐵道事業。到處廣鋪的鐵路，第一次真正讓分立各州在空間上成為一個國家，同時也塑造了真正「富可敵國」的大資本家。

三〇年代，美國內華達州議會通過了賭博合法的議案，從此拉斯維加斯的豪華賭場一個接著一個，在原本荒蕪的沙漠地帶建立起來，成為了有錢人最佳的揮霍樂園。
（©DiMaggio/Kalish/CORBIS）

十九世紀末，二十世紀初，是這些大資本家呼風喚雨的「鍍金時代」。人類歷史上從來沒有另一個國家，有辦法單靠私人資本操作，不需國家大力介入，完成鐵路網鋪設的。這正證明了清教傳統轉化成的美國資本主義結構，多麼雄渾多麼龐大。

從「內在自我」變成「外在他人」

可是資本主義展現其威力，也就是它回過頭來反噬摧毀清教根底的時候了。黎斯曼五〇年代名著《寂寞的群眾》裡分析美國社會的變化，特別指出，原本立國的「內在自我導向」道德、價值觀，到二十世紀幾乎全面被「外在他人導向」取代了。也就是說，清教徒那種只在乎自己體內上帝召喚、上帝訓令的心態不再，什麼重要什麼不重要，現在要考慮別人怎麼想；自己是誰，是好人是壞人，現在得取決於別人對你的印象了。

由「內在自我」變成「外在他人」，應該就是「鍍金時代」進行的。財富更進一步不平均分配，少數幾個大有錢人，再也藏不住他們有錢的事實，對於他們那些天文數字的財產的種種傳聞，鬧得滿天飛。

凡德比爾家族、摩根家族、洛克菲勒家族，他們開始仍然保持一種清教式的低調，例如在羅德島新港聚集的富人度假居所，都還是習慣以「夏季小屋」指稱，只是他們口中的「小屋」，用任何標準看都不算小吧！有自己的海灘、豐美的玫瑰花園、一望無際的草地，那房舍本身，至少是一般人家居住空間的十倍二十倍。

稱這種每年只去住一、兩個月的房子「小屋」，非但沒讓這些富人顯得謙卑，和一般人接近，反而更炫耀了他們的財富。加上例如摩根如何以一人之力拯救了聯邦金融系統，如何以一人之力創造出全世界更大的鋼鐵製造系統，這類傳奇成為一般人最感興趣的話題，延燒之下，環繞著財富的複雜「嫉妒—羨慕」集體情緒，當然就燎原不可收拾了。

除了「嫉妒—羨慕」的情緒之外，世紀之交還有文化上的反省，推動了美國脫胎換骨。早一點有亨利·詹姆斯和艾迪絲·華頓帶領的文學潮流，在他們小說作品中大量特寫美國人面對歐洲與歐洲文化時，產生的強烈自卑感。當年清教徒們自願選擇離開歐洲，而且恨不得離得越遠越好，他們以反對歐洲之一切作為信仰根底；然而一、兩百年後，他們的子孫累積了一些的財富、累積了一些的生活經驗，他們重返歐洲，感受截然不同了。他們看到聽到接觸到歐洲文化的精緻高貴，回過頭來意識到美國自身的粗俗無文。

到了二十世紀的二〇年代，又有風起雲湧的「聰明雜誌」（Smart Magazine）在廣大都會出現。以《浮華世界》、《紐約客》、《美國水星》等為核心的雜誌，擺出明確姿態，美國是個鄉巴佬的文化，鄉巴佬的粗鄙主導了美國。可是美國不能再自甘處在這種粗鄙的狀態了，需要有人站出來，教美國人如何過「聰明生活」。

以「自由」之名

這些影響深遠的文化運動，配合上第一次大戰對歐洲的大破壞，美國逐漸從封閉鎖國被推上西方領導地位，更進一步讓美國社會與清教徒傳統漸行漸遠了。

美國當然不曾、也不可能完全拋棄清教價值，生活裡總還有許多清教遺留的規定，不過變化的軌跡再明白不過──清教信仰中的兩大支柱，自由與自律，自律的部分快速萎縮，相形下，自由的那部分就持續膨脹了。

尤其是在市場與消費上，二十世紀美國建立了人類歷史上空前的自由環境。消費在生活中占有的比率，逐年提高；消費的意義，也在幾十年間快速增殖繁衍。

到第二次世界大戰後產生高伯瑞所形容的《富裕社會》，美國人不只大幅消費，而且越來越接近「我消費故我在」的存在狀態了。就是在這種以外在消費購買來決定生命的意義的社會背景上，才掀起了六〇年代反撲反動的青年叛逆文化。嬉皮運動不只是反越戰反冷戰，更是反對富裕社會中的消費意義。他們大幅從東方哲學借來內省式的概念，並且身體力行非物質性的集體主義，雖然在性解放一事上，六〇年代青年文化與清教傳統徹底對反，然而若是看「內在自我導向」的回歸衝動，那倒是與清教祖宗有可以密切呼應的地方。

不過嬉皮們到八〇年代就徹底消失了。經歷保守、經濟上低迷艱苦的七〇、八〇年代之後，九〇年代藉由「知識經濟」，美國進入一長段「無通膨成長」，神話般的美好時光。也就是在柯林頓主政的那幾年，爆發了最驚人的消費大狂潮。這種狂潮十年肆虐下來，差點衝垮了美國資本結構賴以存在運作的基本商業道德。

從清教徒倫理到消費狂潮，美國歷史見證了一項教訓──自由與揮霍，經常手牽手連帶出現，而且經常像孿生兄弟般讓人混淆迷惑。不揮霍不足以證明自己是自由的，自由的行使如果要不傷害別人的自由，那最容易具體發揮的，勢必就是金錢的自由。一旦金錢成了自由的主要媒介，那麼自由稍稍多行一步，就到了自由揮霍之邦；事實上，自由就成了揮霍，揮霍也就成了自由的具體內容。　■

本文作者為作家

謙卦與適可而止

文—傅佩榮

一個人追求成就，總希望越多越好，但是，豐盛能帶給人快樂嗎？為什麼擁有的越多，卻越容易出現遮蔽與陰暗呢？

從小就有長輩告誡我們「滿招損，謙受益」；上了大學之後，又有老師談到《易經》，清楚提醒我們：「六十四卦之中，只有謙卦是六爻皆吉。」誰不喜歡受益？誰不希望這一生都吉祥如意？但是，「謙」又豈是一件容易做到的事？它裡面應該有一套學問，值得我們深思而力行之。本文意在對此稍作探討。

謙卦是怎麼一回事？

《易經》有六十四卦，聽起來數量眾多，而原理並不複雜。古人觀察周遭萬物，發現世界充滿變化，而這些變化又循著某種規則在運作，於是便用八個符號來代表八種現象，亦即：天、地、雷、風、火、水、山、澤。而所謂的八個符號，就各以三條橫線來表示。橫線中間斷裂的稱為陰爻，中間不斷裂的稱為陽爻。於是出現八個基本卦（卦者，象也），依序是：☰、☷、☳、☴、☲、☵、☶、☱。自然現象不是一直在變化嗎？所以這八卦再互相搭配，形成了六十四卦，這時每一卦就有六爻了。

以謙卦為例，卦象是 ䷎，地在上而山在下，稱為「地山謙」。就自然界而言，地

怎麼可能位居山的上方呢？這就需要一些想像力了。古人看到下雨，會問：水怎麼從天而降？所以，水在天上，並非不可能。至於打雷，則聽起來可能是在天上或天下，在山上或山下，在地上或地下。依此推想，八大現象之間的上下關係應該都可以存在，並且由此形成了六十四種具體的狀況。

接著要問：這種現象（地在山上）能帶給我們人類何種啟示？這才是《易經》的用意所在。首先，上下位置可以用內外來說，成了「地中有山」。地是平的，表面上沒有任何異狀，與周圍地區完全一樣，但是它裡面卻有一座山。古人對山的想法是高聳壯觀而無法踰越，於是只好望而卻步。換言之，山阻礙了人們前進，也使人們無法相互溝通交流。現在，山隱伏在地之下，問題也就隨之消失。

那麼，誰是謙卦的實踐者呢？顏淵大概是最佳代表。曾子說，有學問卻像沒有學問，內心充實卻像空無一物；被人冒犯了也不計較。從前我的一位朋友就曾這樣做了〈論語・泰伯〉。他口中的這位朋友正是顏淵。顏淵是孔子的首席弟子，他的志向是「無伐善，無施勞」（不誇耀自己的優點，不把勞苦的事推給別人）。孔子稱讚他「好學」，因為他做到了「不遷怒，不貳過」（不把怒氣發洩在不相干的人身上，也從不再犯同樣的過錯）。

對於謙卦，《易經》作了全面的肯定。我們讀到：「天道虧盈而益謙，地道變盈而流謙，鬼神害盈而福謙，人道惡盈而好謙。」整部《易經》從「天道、地道、鬼神、人道」四個角度來推崇謙卦，這是絕無僅有的一卦。

至於一般常說的「謙卦六爻皆吉」，又是怎麼回事？所謂「卦」，是指一種現象的格局與形勢，所重視的是「時機」；所謂「爻」，是指一卦中的六個「位置」。時機好，不見得六個位置都好；反之亦然。謙卦是唯一的例外，因為它的底下三爻都是「吉」，而上面三爻則是「無不利」或「利」。可見它是「非吉則利」的一卦，所以一般稱之為「六爻皆吉」，是有道理的。

至於如何做到謙卦的要求，也可以扼要說明。依位置由低而高（或者，依年紀由幼而長），首先要「卑以自牧」，以謙卑態度管理自己。其次，稍有成就時，要「中心得也」，因為守住正當位置而內心自得。接著，是「萬民服也」，由於有功勞而謙卑，讓所有百姓都順服。

再往上抵達統治者階段，就需發揮謙卑的精神，「不違則也」，絕不違背法則。最後到了無往不利的境界，即使必須興兵作戰，安定天下，也都念念不忘謙卑的態度。總而言之，君子由此領悟的，是要「減損多的，增益少的；衡量事物而公平給與。」他要盡量以自己的能力來使天下太平，正如以自己的「山」來撐起「地」上的平，要任勞任怨來使人間和諧。

謙卦對現代人的啓發

一個人追求成就，總希望越多越好，這是出於本能的要求，原本無所謂好壞，只要手段正當即可。但是，豐盛能帶給人快樂嗎？《易經》正好有一個豐卦 ☲，卦象是「雷火」，表示在光明中行動，因而有大收穫。但是，讓人驚訝的是：它的六爻中有四爻都提及「被遮蔽而有陰暗」。為什麼擁有的越多，卻越容易出現遮蔽與陰暗呢？

此中原因並不難解。當代西方存在主義強調一種觀念，就是「擁有即是被擁有。」（To possess is to be possessed）一個人擁有大量財物，那麼光是照顧這些財物就會疲於奔命了。表面上他擁有許多東西，事實上他忽略了自己在其他方面的需求，亦即他的生命難免會有許多被遮蔽而陰暗的部分。這正是標準的「得不償失」。

莊子說過一句發人深省的話，他說「瞻彼闋者，虛室生白，吉祥止止。」（〈莊子・人間世〉）意思是：「你看看眼前的空間，空虛的房間才會展現出光明，吉祥也將聚集於空虛之心。」一個房間若是裝滿了東西，再怎麼增加照明設備也難免處處陰影。反之，在一個空虛的房間中，一根小小的蠟燭就可以大放光明了。

上述幾種說明的背後，都有一個共同的預設，就是：人的生命除了與身體相關的物質以外，還有屬於心靈的層次。由於人的時間與精力有限，所以必須分辨本末輕重。我的建議是簡單的三句話：「身體健康是必要的，心智成長是需要的，靈性修養是重要的。」所謂身體健康，可以包含有形可見的物質成就在內，而「必要的」一詞是指：非有它不可，有它還不夠。明白這一點，就可以轉而自問：我還需要什麼才夠呢？這時要留意心智在「知、情、意」這三方面都有恆存的需求，只要活著就需力求改善及提升其品質。然後，真正重要的應該在於靈性的修行。

《易經》雖是古人作品，但是每當遇到關鍵處境，如動輒得咎的困卦、改朝換代的震卦、群眾聚集的萃卦等，都會提醒人們「不要忘了祭祀」，亦即求助於鬼神與祖先，因為人間之事不只是眼前的利害而已，還需考慮人在靈性層次上的永恆的嚮往。人的身與心，無論如何豐盛與傑出，到了死亡那一刻總是要放下的。既然如此，何不試著向生前與死後延伸出去？當然，這方面的問題已經跨入宗教信仰的領域，在《易經》中只是如實加以記載，而未曾提出理性的說明。

總之，謙卦至少有兩點清楚的啓示。

首先，一個人不論擁有多少資源，包括財富、名聲、權力、地位，也包括知識、道德、才華等，他都應該努力修養，務使自己在外表上平易近人，「有若無，實若虛」，因為人生的進展是沒有止境的。其次，我們要保持生命的動力，將目標由有形可見的成就轉向心智與靈性的層次，如此才可維持生命的完整性，並且發展真正屬於個人的特質。所謂「地中有山」一語，其中的「山」應該由身體提升為心與靈。如此一來，山無論如何高聳，都是無形可見的，外表上也都有如平地，但是這個平地是可以承載萬物的大地。「天無不覆，地無不載」，我們生存於天地之間，就先實踐謙卦，敦厚品德以承載眾人，做一個名副其實的君子吧！　■

本文作者為台大哲學系教授

地球的負擔

西方工業國家所使用的能源占了全球能源的一半，第三世界國家使用的能源則只占1/6（澳洲人獲得的能源是孟加拉人的一百倍）。以燃燒煤油方面所產生的污染為例，平均一個美國公民比非洲國家薩伊公民多產生170倍的污染。

根據交通部2005年統計資料，台灣機車已超過1300萬輛，在每千人機車數方面居亞洲之冠，污染排放量亦相對偏高。每平方公里之機車約有360輛，每年產生的一氧化碳及碳氫化合物等傳統污染物（二氧化碳排放總量更居全球排名第22），約占全國總排放量的10%。

1998年，全球151個國家中，台灣每人平均消費對資源造成的壓力值為世界每人平均值的3.42倍，高居世界第2位。

熱帶雨林覆蓋地球23%的面積，每個美國人平均每年消耗超過600磅的紙和差不多200板尺的木材。而每一秒鐘，全球便有兩個如美國足球場面積大的雨林被破壞。

在加拿大，一片完好的濕地每公頃約值6,000美元，但是一旦開發成集約式農業，則降至每公頃2,000美元。完好的熱帶紅樹林不但提供了魚類棲身之所，而且兼具防止污染、保護堤岸的作用，每公頃約值1,000美元。倘若把熱帶紅樹林清理成蝦子養殖場，每公頃便跌至200美元。

平均一個美國中產家庭每星期會製造20公斤的垃圾。在全美所製造的垃圾當中，65%都是一些包裝物品。

全球僅12%的人口便使用掉了85%的水，而這12%的人口並不居住在第三世界。美國人平均每天用掉的水，相當於一個馬達加斯加人三個月的用量。

在世界糧食消耗的階梯裡，位於最底層的，有6.3億人沒有足夠糧食；中間那層，有34億的穀食者以植物作為主要蛋白質的攝取來源；頂端那層，12.5億的肉食者所消耗的動物脂肪，比其餘40億人口平均每人多出三倍，而全世界40%的穀物都被用來餵食他們所食用的牲畜。

過去15年，美國養豬農場數目雖然由600,000減少至157,000，可是豬隻的數目卻依舊沒變。動物排泄物裡的養分使一種耗盡水裡氧氣的海藻大量繁殖，導致墨西哥灣一部分水域變成「死域」，魚類生態大受影響。

製造一個半導體晶片所消耗的物料是它本身重量的10萬倍，而製造一台筆記型電腦所消耗的物料是其重量的4千倍。製造一夸脫的柳橙汁，需要2夸脫的汽油和幾千夸脫的水。

奢華與虛華

文—胡德興

攝影—林勝發

台灣剛開始是從家庭工廠慢慢起來。當初我們的父母辛苦的工作，在那段時間，大家心裡想的是要存錢養小孩，追求安康的社會；當時大部分的企業是以傳統產業為主，金融業尚未開放；政府政策也注重扶植基礎工業，因為台灣當時需要建設。在那個階段，大家都是努力工作，用勞力賺錢，比較辛苦，因此大家會存錢、會珍惜。甚至連傳統產業的大老闆也都以節儉著稱。

接下來，科技業、科學園區的開發，國際化的概念導入，政府要扶植此一新興產業，舉辦獎勵措施，開始比較開放，因而出現一些標竿人物，做投資或消費，慢慢引導西化的生活模式，標示出一種成功的榮耀（admirable），人們開始有夢。在這段時間，新的消費行為模式逐漸產生，越來越多的中產階級，增加了消費的需求。這一新興族群包括科技新貴、金融新貴的興起，大概是近十年的事情。

銀行開始推動資本市場國際化，開放人才進來，鼓動原來local的金融集團，注重企業融資、個人理財等等需求。特別是外商銀行，例如花旗銀行，對台灣的金融市場有相當重要的影響力，帶來新的觀念，像是原本金融市場是針對企業投資，但花旗銀行除了做企業，也做個人金融。

儲蓄的人越來越少

金融業開始針對個人推動財富管理，因為台灣藏富於民，有錢人越來越多，再加上法令開放，這一範疇中的推動更見著力。一般消費者與VIP的客戶，開始讓金融業覺得個人金融比企業金融更吸引人，所以逐漸開始有了各種消費貸款，或者做手續費收入。這一波就是消費金融的風潮。

這個趨勢發展二十年下來，我們原本極為重視的各種儲蓄觀念，越來越少人執行，特別在近五年來，定期定額投資基金的人數減少一半，但是個人消費性貸款餘額（如信用卡、現金卡債）卻在不到兩年的時間加倍成長（增加五千多億元），因此，我們開始思考這個現象。

一個社會往過度消費的方向傾斜，固然產生很多現象，但我比較注意的不是上層，反而是年輕族群，像一般說的「草莓族」。

現在的上層，他們消費應該是有餘力的消費，大家都經歷過努力工作到達一個成功的高度，所以，企業高層用好吃好，其實都不算是過度消費。然而，年輕族群，雖然他們有比較多的彈性與創造性，但是在賺錢的本事，或努力工作的認真態度上並沒有那麼高，腳踏實地也不夠，不過卻因為看到已經有成就的人的消費行為而有樣學樣，再加上企業或商業中看到這些需求，於是推波助瀾，舉辦各種活動來創造年輕人的消費需求。所以年輕人這個族群，

累積的問題越來越大。有一份調查資料，問年輕人需要多少錢才夠，大家都說兩、三億。兩、三億說來容易，但卻沒人想到要怎麼賺，而只是覺得自己需要那麼多錢才夠，這是比較大的危機。我們要擔心這generation有多大。再五年，這個generation大概就變成社會中堅了。

年輕世代的隱憂

在這一代年輕人中，第一是capability的培養夠不夠，當年輕人看到一個結果，產生消費或物質的嚮往，這些不是罪惡，但必須要有能力負擔才行，現在就是缺乏能力的培養，再來是vision的問題。我對這一generation的憂心就在於此，在能力和知識方面的培養還不夠，但看到奢華消費的力量，卻想要跟上。我們推動的「RICH」運動，是想讓大家針對這四大範疇來思考自己是否及格。

除了年輕族群外，我認識一些其他領域的人，大概也可以說是最虛華的，因為他們都是過度消費，可能在事業上有一些小小的成就，就一定要穿名牌、用名牌，但他們的實際能力其實負擔不起，可是在他們的周遭都一定要比較，不能撞衫，衣服一生只能穿一次。如果事業走下坡了，就會很糟糕，因為他們已經無法再穿平價衣衫了。更重要的是，他們的賺錢能力不夠負擔他們想要的生活。

我們講「反虛華」，不是「反奢華」，奢華跟虛華有什麼不同？每個人都想提高生活水平，奮鬥的目標就是讓生活能夠好一點，也可以促進經濟成長，消費就是成長的動力，所以，偶爾的奢華是可以的。先存夠錢再來享受，這是生活品質的提高，是很棒的事情，理財的目的就是為了更好的生活。但是到了虛華的程度，過分消費，「虛」就不好了，現在大家已經往虛的部分走。

我們看到所謂國際上的高級品的文化，在台灣就不太能享受到這品味的展現。所以變成商業行為繼續推，但無法廣泛，不然就是往虛的方向發展。以LV為例子，台灣有很多人都拿LV包包，但在國外卻不會是每個人都拿，這是一個「fit」的問題，適合與不適合，什麼東西適合，還沒有到這個程度。大家都在滿表象的追求。以我自己為例，我開Lexus的車，我覺得Lexus很適合我，很舒服，因為這是我。所以應該要有這個區別，找到適合的東西。

要推動「反虛華」，需要政府跟民間一起來做，也需要商業與非商業的結合，需要有更多的企業能共同發起，也需要更長遠的企業經營理念，使這產業能更健康、更健全，再來是人民的理財儲蓄觀念的建立，結合金融產業長期的耕耘，提倡健全、正確的理財觀念，一點一滴慢慢創造社會風氣，不只在理財方面，而是在生活的各個層面，都能有些進步。

賺錢－存錢＝花錢

二十一世紀的理財觀點，跟過去有什麼樣的不同呢？

最重要的是一念之差。一般人想到的收支公式，很容易是「賺錢－花錢＝存錢」。然而這種剩下多少就存多少的觀念，常常最後是沒有錢可存，甚至都預先負債了。所以我們提倡的理財觀念是倒過來的：「賺錢－存錢＝花錢」，要有計畫的先存錢，然後知道自己有多少錢可以實在的花用，才能真正有富足的生活享受。這個觀念的轉換，差別非常大。

「賺錢－存錢＝花錢」，這是精髓，是基本概念，但是，要存多少？怎麼存？放哪裡？存錢的規畫，要根據本身的life circle來決定，因為每個階段的需求不同，所以，怎麼存錢、理財，把錢的效益發揮到最大，這是最重要的理財觀念。理財工具如此之多，要存多少、能存多少、如何結合目前的理財工具，這是新時代的理財課題。

至於理財的ABC步驟，第一個是投資的目標，還有，就是知道自己是怎麼樣的投資人，對風險的忍受度有多少，如果你買股票賠了睡不著覺，賺了也睡不著覺，那麼，就不是適合投資股票的人。所以也可以說，先要知道自己是哪種投資人，然後要了解投資目標，目標確立，才能訂投資計畫。第三個就是培養對理財、投資計畫的知識。培養理財能力是一種人生態度，但現在卻很缺少這方面的培養。

未來，銀行逐漸開始推動財富管理、理財的服務，不只是消費貸款，因為卡債累積越來越多，銀行轉銷信用卡和現金卡呆帳暴增，所以會往財富管理這方面走，推動理財的觀念，鼓勵存款與投資，當銀行將重點放在管理，就有可能矯正過度消費的狀況。有錢人很多，是台灣的利基，對銀行來說是很重要的收入來源，所以，銀行的目標自然會轉換。

商人永遠會在政策中找到出口，所以政府應該做一個引導，就跟卡債一樣。當銀行界過度推銷金融式商品，政府必須要很快的認知並處理。

胡德興：
美國維吉尼亞理工州立大學企管碩士，
2003年榮獲第七屆「傑出投信投顧人才」金彝獎，
現為摩根富林明投顧董事長。

徐欽敏攝影

Maps
一個有待補充的筆記

編輯部

《周易》爲群經之首，全書以陰陽、八卦的變化判定吉凶休咎，闡發人生哲理。其中六十四卦只有一卦六爻皆吉，是爲謙卦。有「謙，德之柄也」、「謙謙君子」之說，所謂滿招損、謙受益。也因爲陰陽的變化說明了盈虛相依，所以眞正的「持盈保泰」之道，在於不要過盈，以免由盈而虛。這些觀念，不論從爲人處世，還是財富與健康上，都影響中國人深遠，直到19世紀，近代以線性擴展爲基本精神的西方文明進入中國後，才爲之大變。

中國與「少一點」相關大事紀

第1個階段（到公元開始）
多元的階段

在中國，由於周天子的衰弱讓天下失去了掌控，東周各國開始了大混戰的時代。激烈的兼併戰，促成了貴族的沒落，與百家爭鳴的現象。諸如弱兵、精兵、柔弱、退讓、節儉、謹言愼行等少一點的處世之道，紛紛出籠。

周朝太祖后稷之廟，廟堂右階之前有一尊金人，三緘其口，背上刻有銘文：「古之愼言人也，戒之哉。無多言，多言多敗；無多事，多事多患。安樂必戒，無所行悔。勿謂何傷，其禍將長。勿謂何害，其禍將大。」認爲謹愼的人要少說一點、少做一點因此錯也就能少犯一點，並主張禍害總是由小而大的，不能輕忽視之。

夏	商	西周
4000BC. 3000BC. 2000BC.	1200BC.	1000BC. 800BC.

以歐美爲主的其他地區與「少一點」相關大事紀

在西方，希臘城邦的林立，頻繁的戰爭，造成了嚴重的奴隸問題。人民四處流徙避戰也促成了思想的交流與各學科的發達。同時哲學家也將重心從對自然、外在的探索轉到了對人類自身、內在的思考。中西雙方都處於一個多元的時代。

前750年，希臘由於城邦人口過剩與農用土地匱乏，發生糧食不足的問題。雅典因此開始海外移民，斯巴達則以兼併鄰近土地應對，造成二次美賽尼亞戰爭（Messenia）。

前621年，德拉科撰寫第一部刑事法典。法典規定對於極微小的犯罪行爲也要處以死刑。594年，梭倫廢除了德拉科法典的大部分條款。

釋迦牟尼於公元前6世紀末至公元前4世紀初創立佛教，希望教人離苦得樂，能擺脫輪迴束縛。

前594年，梭倫（Solon）被任命爲首席執政官，公布「解負令」，廢除債務人債務，以解放債務奴隸，並禁止以債務迫人爲奴隸。梭倫在自己的詩中提到：「他們賣身爲奴，皆係環境所迫：離鄉背井，亡命天涯，爲人做牛做馬，性情暴戾的主人，動輒拳打腳踢。」往後又公布法令禁止奢侈，限制葬禮的鋪張和浪費！

畢達哥拉斯認爲萬物的始基是「數」，並提出地圓說，發現畢氏定理，畢達哥拉斯曾這麼詮釋哲學的涵意：「哲學的真意就是避免所有的事情過量」。

44　少一點

管子認為身為人主應該模仿虎豹，因為「虎豹，獸之猛者也，居深林廣澤之中，則人畏其威而載之。」因此主張人主應當少露面，如此才有威嚴，才能使人畏懼。

老子說：「舌存於柔，齒亡於剛。」柔一點、退一步，成為道家的思想基調。主張柔弱勝剛強。同時提出「天之道，損有餘而補不足。人之道，則不然，損不足以奉有餘。孰能有餘以奉天下？唯有道者。」並提出自己有三寶，「儉」是其中之一：「儉，故能廣。」並寄望著「小國寡民」的社會型態，有「少則得，多則惑。」的說法。

晉平公患病，向秦國討醫生，秦景公派遣醫和前往探視。醫和提出六氣說，並建議晉平公要懂得節制，病自然就會痊癒。

孫武推行精兵政策，認為數量多並不是穩贏的，主張「攻其無備、出其不意、避實擊虛」。

晏子向齊景公說「踊貴而屨賤」是因為齊國刑罰太多的緣故，齊景公聽後便減省了刑罰。

孔子參觀魯桓公的宗廟時，發現傳說中的欹器，欹器「虛則欹，中則正，滿則覆」，孔子因此感嘆「哪裡有自滿而不傾覆的呢？」唯有秉持中正才是正道。因此主張「抑而損之道」。

墨子提倡兼愛非攻的思想，而當時奢靡與厚葬風氣的興盛，致「棺槨必重，葬埋必厚，衣衾必多，文繡必繁，丘隴必巨」，故人民一次的厚葬之費，幾可使人傾家蕩產，於是墨子亦倡導「節用、節葬」的思想，是戰國兩大顯學之一。

《孟子》有「揠苗助長」的故事。

莊子記載了子貢想要幫助為圃丈人減少勞力並提供工作效率的方法，然而丈人大怒說：「有機械者必有機事，有機事者必有機心。」憤然拒絕了，由此也表達了莊子追求純粹寧靜的思想。

《呂氏春秋》記載魯國人公孫綽自稱能起死回生，人問他何故？他回答：「我固能治偏枯，今吾倍所以為偏枯之藥，則可以起死人矣。」遭到呂不韋諷刺說：「物固有可以為小，不可以為大；可以為半，不可以為全者也。」因此多一點不一定就能完成更多、更高的效能。書中並有「竭澤而漁，豈不獲得？而明年無魚。焚藪而田，豈不獲得？而明年無獸。」的說法。

秦始皇統一天下後，建阿房宮。項羽進入咸陽後，一把火就將它燒了，但燒了三個月都還燒不完。由此可見其廣大之程度，而阿房宮也成為一個豪華與富足極致的代表。

《戰國策》有「畫蛇添足」的故事。

秦末天下大戰，導致漢朝初年民生凋蔽，通貨膨脹，產生出「米至石萬錢，馬一匹則百金」以及「自天子不能具鈞駟，而將相或乘牛車」的現象。宰相蕭何死後，由曹參繼任，改採「黃老無為之治」，使民得以休養生息。

漢武帝時，董仲舒上疏：「臣愚以為諸不在六藝之科、孔子之術者，皆絕其道，勿使並進。邪辟之說滅息，然後統紀可一而法度可明，民知所從矣。」為武帝採納，因而罷黜百家、獨尊儒術，從此固然使封建王朝得以更加穩固，但也使得百家學術趨於滅亡、先秦時期開創的科學成果與批判精神後繼乏人。這個文化與思想上少一點的政策，也影響中國人深遠，直到近代逐漸與西方文明接觸後，才又有了新的變化。

蘇格拉底在教育方法上提出「產婆術」。他認為人其實是無知的，只有神才是有智慧的。而神之所以是有智慧的，不在於他比別人知道得更多，而在於他懂得「自知其無知」。蘇格拉底因而藉由德爾菲神廟「認識你自己」來告誡人們要認識自己的無知。是謙虛的代表。

希波克拉底提倡放血療法、節食療法。曾說過：「健壯者若變得過於肥胖則危險，因為肥胖只會每況愈下……因此應即時減肥，不可拖延，以便使身體恢復健康。」「無論慢性病還是急性病，過分節食總是危險的，實無必要。飲食過分不足甚為危險，而過分飽脹也同樣如此。」

蘇格拉底學生安提西尼後來創立犬儒學派，主張禁欲、鄙視享樂與物質財富。因為他們不想被自己的財產所支配，因此他們通常衣衫襤褸，而他們也教導人要滿足於自己所擁有的一切。

另外，伊壁鳩魯學派也奉行著簡單樸素的生活哲學，只以水與麵包維生，反對去追求會為人們帶來恐懼的財富、榮譽與權力，主張只有今生，沒有來世。

前450年，希臘法庭開始使用滴漏計時器以限制發言時間。

柏拉圖說：「你可以在與一個人一小時的玩樂時間裡獲得比與他交談一年更多的認識。」他更在《理想國》中極力讚揚斯巴達禁止私人開伙的制度以及奴役奴隸的正確性，並主張統治者與戰士是不准擁有私人財產及享受家庭生活的。

前334年，亞歷山大進攻波斯帝國，只帶領了約四萬人的軍隊進行遠征，擊敗號稱有四十萬兵力的波斯軍。隔年，亞歷山大出征路經戈蒂亞，一劍砍斷了戈蒂亞結，並宣稱他解開了。據說解開此結的人將統治整個亞洲。他最後則占領了巴比倫，入侵埃及與印度，建立了橫跨歐亞非的大帝國。希臘時代，哲學家輩出，城邦林立更造就多元的文化氛圍，亞歷山大的南征北討，是西方文明進入另一個階段的關鍵所在。

歐幾里德在《幾何原本》中對「極限」概念進行研究，極限是日後微積分的基礎概念。

阿基米德發現「比重、螺旋泵、槓桿原理」，其中槓桿原理更幫助了人們用少一點的力氣做多一點的事情，因而他更為此發出豪語：「給我一個支點，我將撬起整個地球。」

希臘數學家厄拉托塞發明「質數篩子」。

斯多亞學派的賽內加在一封寫給朋友的信中說：「書籍繁多令你神龍；既然你不可能讀完你的藏書，擁有你所能讀的書籍，就綽綽有餘了。」並有「無盡的財富等於無窮的束縛」等說法。

前4年，耶穌誕生。《舊約聖經》提出人是因為誤用自由意志而產生了罪。到了天主教時，從《舊約聖經》中歸納了人的七種原罪：「色慾、暴食、嫉妒、貪婪、懶惰、驕傲、憤怒」，其中每一種罪都是人類的行為太過、太多的後果。

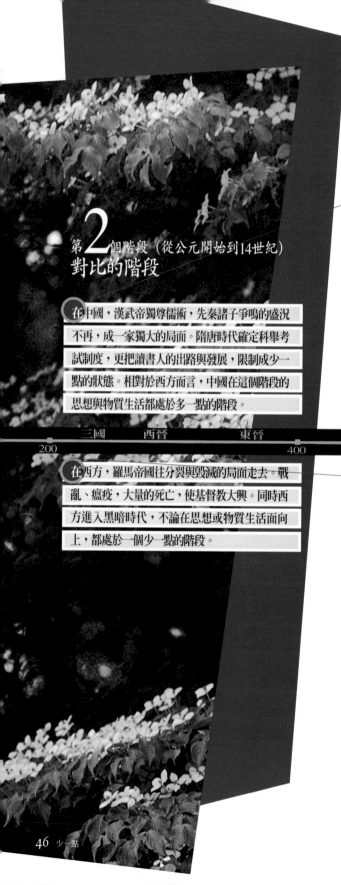

第2個階段（從公元開始到14世紀）
對比的階段

在中國，漢武帝獨尊儒術，先秦諸子爭鳴的盛況不再，成一家獨大的局面。隋唐時代確定科舉考試制度，更把讀書人的出路與發展，限制成少一點的狀態。相對於西方而言，中國在這個階段的思想與物質生活都處於多一點的階段。

121年，許慎歷時二十二年撰成《說文解字》。

東漢末年，「刪難省繁，損複為單，務取易知易為」的草書出現。王羲之的老師衛夫人在《筆陣圖》中更提出「永字八法」，此後永字八法便成為書法的基本規則。

208年，赤壁之戰，孫權、劉備聯軍對抗曹操大軍，最後以少勝多，三分天下的格局至此底定。

西晉 時期，追逐豪奢之風大盛，王君夫、武子、石崇為其代表，而石崇更在眾人之上，富比王侯。一次貧窮的劉寔拜訪石崇家，一時內急便向石崇借個廁所。誰知所見「有絳紋帳，裀褥甚麗，兩婢持香囊」，劉寔以為自己走錯而誤入了石崇的寢室，便自行退出，不想石崇聽後笑說：「是廁耳。」由此可見其奢靡之一般。

葛洪《抱朴子》有「胎息」法，能不以口鼻呼吸，如在胎中，故曰胎息。是少一點呼吸的絕招。

382年，淝水之戰。

陶淵明「閒靜少言，不慕榮利。好讀書，不求甚解，每有會意，欣然忘食。」著有〈桃花源記〉，是著名的田園詩人。

三國	西晉	東晉	南北朝	隋
200	400		600	

在西方，羅馬帝國往分裂與毀滅的局面走去。戰亂、瘟疫，大量的死亡，使基督教大興。同時西方進入黑暗時代，不論在思想或物質生活面向上，都處於一個少一點的階段。

267年，奧運競賽場地宙斯神廟被入侵外族洗劫一空。392年，羅馬帝狄奧多西下令禁止崇拜一切異教神，封禁宙斯神廟，奧林匹克運動完全消失。

273年，羅馬皇帝奧雷利安占領埃及，燒毀亞歷山大里亞圖書館。390年，基督教暴徒再次破壞殘餘的圖書館。641年，回教徒占領埃及後，阿拉伯人奧馬爾下令焚毀圖書館最後的藏書，他提出的理由是：「這些書的內容如果是《可蘭經》已有的，那麼我們不需要去讀它；如果是違反《可蘭經》的，那麼我們不該去讀它。」

285年，戴克里先將羅馬帝國分為東西兩部。303年，他發動了毀滅《聖經》運動，將一切搜出的《聖經》焚毀。同時，軍隊因為對蠻族的戰爭頻繁而逐漸擴編，為供養軍隊只好提高稅收以增加國庫收入，結果造成通貨膨脹，於是他又改革幣制加以抑制。
戴克里先並明令禁止人們不得轉換工作，並且父親死後，兒子必須承襲父業。而農夫、佃農更不得離開農莊，這樣的形勢使得因為無法承擔稅務而放棄土地的人越來越多，而這些土地便逐漸收歸國有，帝國逐漸變得太過龐大。戴克里先一人無法管理如此龐大的帝國，於是設立了「助理皇帝」，頭銜為奧古斯都，其下又各有一名助手稱為凱薩，史稱為「四帝共治制」。而土地收歸國有的後果是使得帝國生產衰退、生活水平嚴重下降。

南朝梁劉勰在《文心雕龍》對於雕琢文句有許多精闢之論，〈鎔裁〉有「一意兩出，義之駢枝也；同辭重句，文之冗贅也。……句有可削，足見其疏；字不得減，乃知其密。……善刪者，字去而意留；善敷者，辭殊而意顯。」〈練字〉又有四避之說，其中兩避是避「重出、單複」。

藥王孫思邈《攝養枕中方》中提出十二少的養生法則。

禪宗傳至六祖慧能，因與神秀分處南北抗衡，因而分為南宗禪與北宗禪。禪宗一路發展到唐末五代時，南宗禪又分出「五家禪」，機鋒、話頭、棒喝等幫人「頓悟」的手法發展成熟。

楊貴妃喜愛嶺南荔枝，唐玄宗便在京城長安設一路專門驛，從嶺南將新鮮的荔枝晝夜不停的運送到長安。可謂極盡奢華、奢侈之能事。此外，唐玄宗迷戀牡丹花，一時間上至滿朝文武、下至平民百姓，都開始培植栽種牡丹花。致有詩人作詩感嘆：「近來無奈牡丹何！數十千錢買一棵。」並有「一國若狂不惜金」的說法。

「趙蕤術數，李白文章」，與李白並稱的趙蕤，他在《長短經》中說：「自古兵書殆將千計，若不知變，雖多亦奚以為？故曰：少則得，多則惑，所以舉體要而作〈兵權〉云。」

唐朝韓愈〈師說〉：「是故弟子不必不如師，師不必賢於弟子，聞道有先後，術業有專攻，如是而已。」破解了長者必賢於少者的迷思。

宋朝初年有鑑於唐朝藩鎮之亂因而採行強幹弱支、重文輕武的策略，分設禁軍和廂軍（地方軍）。到了宋仁宗皇祐年間，軍隊由宋初的二十萬暴增到了一百四十萬，造成「國帑虛竭，民間十室九空」的景況，而宋朝將兵不相習，以及武人遭到極度輕視的境況，是宋朝滅亡的主因。

宋朝初年，因經濟發展快速，且錢幣有作價小、重量重等缺點，於是「交子」紙幣應運而生。1023年，北宋朝廷始將「交子」的印刻發行權收歸官辦。

司馬光著〈訓儉示康〉以告誡兒子崇尚節儉，書中有言：「平生衣取蔽寒，食取充腹；亦不敢服垢弊以矯俗干名，但順吾性而已。眾人皆以奢靡為榮，吾心獨以儉素為美。人皆嗤吾固陋，吾不以為病。」

北宋郭熙在《林泉高致》中提出：「山欲高，盡出之則不高；煙霧鎖其腰，則高矣。水欲遠，盡出之則不遠；掩映斷其脈，則遠矣。」是繪畫理論中少一點才能多一點的代表！

朱熹在〈自論為學工夫〉中說：「某舊時亦要無所不學，禪、道、文章、《楚辭》、詩、兵法，事事要學，出入時無數文字，事事有兩冊。一日忽思之曰：『且慢，我只一箇渾身，如何兼得許多！』自此逐件去了。大凡人知箇用心處，自無緣及得外事。」因此認為學習時還是少一點分心，專注用功為好。

羅大經在《鶴林玉露》有〈儉約〉篇，記載了許多有趣的故事。

北宋　　　　　　　南宋　　　　元　　　　明

0　　　　　1000　　　　　　　　1200　　　　　　　1400

313年，君士坦丁因皈依基督教，而頒布《米蘭詔書》，開啟對基督教的寬容。並下令焚燒異教徒書籍，對圖書館與博物館進行大規模破壞。同時廢除「四帝共治制」，將帝國劃分為四大行政區域，由自己的兒子擔任四地首長，希冀藉由此法維持帝國穩定。同時擴充官僚機構，造成冗員充斥，宮廷中僅廚師與理髮師就有一千多名。

聖奧古斯丁說：「當看到『貪婪為萬惡之根』這句話時，要能夠舉一反三。不要去冀求超過足量之物，足量意謂著足夠維持自身生活所需的數量。貪婪即希臘文『愛錢』之意……不僅應被想成貪圖金錢財貨，更應被理解為對任何超過適當欲求與盼望的貪慕之心。」

395年，羅馬帝國分裂為東、西帝國。476年，西羅馬帝國滅亡。之後，各地戰亂頻仍，城市成了農奴、鄉下人的避難所，由於當時的城市公共衛生很差，隨著人口大量地移入，各種傳染病也開始盛行，城市人口死亡率居高不下。而隨著基督教的勢力逐漸擴大，勤儉刻苦的過活、苦修與禁慾的行為模式逐漸被世人所接受。人們以一切都少一點的方式，度過了黑暗時代。
六世紀，主教會議文件將禁婚規定進一步擴大，尤其嚴厲指責亂倫的行為，主張結婚的人必須禁慾。

529年，拜占庭皇帝查士丁尼查禁柏拉圖學園，將許多知識分子流放到邊遠地區。

7世紀，拜占庭帝國因喪失埃及，使羊皮紙逐漸取代紙莎草紙，古希臘作品得以更好的保存下來。

聖阿奎那（1225-1274）：「愚昧之人誤以為金錢可以為其帶來世上最珍貴的寶物。」

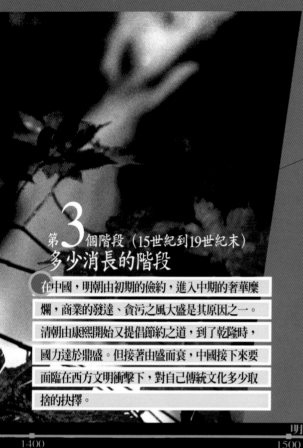

第3個階段（15世紀到19世紀末）
多少消長的階段

在中國，明朝由初期的儉約，進入中期的奢華糜爛，商業的發達、貪污之風大盛是其原因之一。清朝由康熙開始又提倡節約之道，到了乾隆時，國力達於鼎盛。但接著由盛而衰，中國接下來要面臨在西方文明衝擊下，對自己傳統文化多少取捨的抉擇。

明朝初年，因開國皇帝朱元璋出身貧寒，因此朝廷不僅實行輕徭薄賦政策，更推崇節儉之道。又因推崇農業，故明令禁止宰殺牛隻，因此御膳菜單上也就看不到牛肉了。到了明朝中葉奢侈之風漸盛，康熙便曾如此說道：「明朝費用甚奢，興作亦廣，一日之費，可抵今一年之用。……明季宮女至九千人，內監至十萬人，飯食不能遍及，日有餓死者；今則宮中不過四五百人而已。」

1406年，明成祖朱棣與滕碩、長史劉醇等人合編完成《普濟方》，書中提出五勞之說。

在西方，印刷術的發展促使知識爆炸，文藝復興、宗教改革、大航海時代、啟蒙時代、工業革命、法國革命、美國獨立戰爭的相繼出現，確立以機械宇宙，以及以科學為基礎的直線型思維，西方文明著重為一切多一點的發展。影響所及，遍布世界各地。

16世紀末開始，英國清教徒發動宗教改革運動，宣布脫離國教，結果受到宗教迫害。於是清教徒開始了移民的歷程。1620年，清教徒登上五月花號前往新大陸，同年訂定《五月花號公約》，成為美國政治制度的基石。清教徒認為上帝的神意已毫無例外地替每個人安排了一個職業，人必須各事其業，辛勤勞作。正是這種精神促使了日後美國經濟的興盛。

1455年，古騰堡發展出活版印刷術，帶動了其後的文藝復興與宗教改革等運動。大約同時，大航海時代開始，加上其後的啟蒙時代及機械宇宙的觀念揭幕，西方文明就進入快速的直線成長與發展的階段。在這個觀念的影響之下，「多一點」的文化將不可避免地成為大家所信奉的道理。

1607年，約翰哈靈頓爵士翻譯完成《養生法》，書中建議英國國王不要折磨大腦，不要激怒心臟，不要飲酒過度，晚餐吃少點，肉食節制點。推薦他任用三位醫生，分別是：安靜、小丑、節食。

明

1400　　　　　　　　1500　　　　　　　　1600

明朝中葉開始，貪污之風大盛，嘉靖時期之嚴嵩更是其中代表。嚴嵩少時便能為詩文，語出驚人，被視為神童。嘉靖時掌權達二十餘年，其間使子為侍郎，孫亦為錦衣中書，姻親盡為政要。他被抄家時，據《天水冰山錄》記載有冰山一角「淨金共重一萬三千一百七十一兩六錢五分」等等不可勝數，更收有各類典籍，從《史記》至《宋書》，皆為宋版。最後嚴嵩「寄食墓舍以死」，結束了戲劇性的一生。

明朝中葉，因為商業過於興盛發達，使得自給自足的農業經濟體系與藉此維持的倫理風俗面臨崩解，許多農民轉而從商，社會風氣趨於糜爛。

王俌所編《聞過齋集》中有元人吳海《書禍》篇，該文主張：「今天下之書已多矣……所以多者皆諸子百氏、外家雜言、異端邪說，數之不可；計其名讀之，畢世不能；盡其卷帙，無益於心身，不資於國家，非有補於教化風俗，因而主張王者當「悉取其書而禁絕之」。可謂偏激過當之論。

施閏章在《蠖齋詩話》中批評蘇軾詩「堆垛學問，正如眼中著不得金屑。坡詩正患多料。」指出蘇軾詩的毛病是在詩裡鋪排了太多的典故與成語。

張潮在《幽夢影》中提出十恨，其中「四恨菊葉多焦，五恨松多大蟻，六恨竹多落葉……十恨河豚多毒。」這些恨都是因某物太多所引起的。

1668年，康熙關閉山海關，封禁東三省；咸豐十年（1860），此禁取消。

13年，康熙五十二年宣布「永不加賦」，此後人丁大增，康熙六十年時已「滋生人丁四十六萬七千八百五十」。

1718年，康熙因天主教教皇敕令中國信徒不准祭拜祖宗，便下令把教皇派來的公使送到澳門監禁。到雍正時，更徹底把所有洋人都送往澳門監禁。中國自此與西方文化及知識隔絕兩百年。到鴉片戰爭之後，才有所改變。

1791年，程偉元將曹雪芹、高鶚所撰《紅樓夢》一百二十回本，首次用活字排印出版，被稱為「程甲本」。《紅樓夢》，一部描述繁華夢盡的傑作。

經過康熙、雍正之後，清朝國力在乾隆時達到鼎盛，乾隆晚年更自稱「十全老人」。但因他六次下江南耗費甚鉅，兼且任用奸臣和珅，國力便在晚年開始走下坡。

1838年，道光皇帝派遣林則徐到廣州禁煙，林則徐下令焚燒英國進口鴉片，是1840年鴉片戰爭的導火線。

曾國藩在《曾文正公家訓》有言：「居家之道，惟崇儉可以長久，處亂世尤以戒奢侈為要義。」推崇節儉。

陳康祺在《郎潛紀聞》中記載康熙於四十九年論戶部曰：「國家錢糧，理當節省，否則必致經費不敷。每年有正額蠲免，有河工費用，必能大加節省，方有裨益。前光祿寺一年用銀一百萬兩，今止用十萬兩；工部一年用二百萬兩，今止用二三十萬兩。必如此，然後可謂之節省也。」

清朝開國後，為了拉攏士人並消耗其心力，及消弭異議之聲，於是大興文字獄，死者無數，為歷來之最。知識分子人人自危之際，轉移研究方向，導致乾嘉時考據學大興。到了清末，隨著列強的入侵，致使清朝門戶洞開，西方各種思想急速湧進，中國也開始進入了一個各方面都發現多一點，追求多一點的階段。

1633年至1639年，為了反制西方，德川幕府連續五次頒布「鎖國令」，禁止日本人與海外往來及日本船出海貿易。但仍留下惟一一個對外交往通道，允許日本人在九州的長崎與中國商人進行貿易。

牛頓（1642-1727）與萊布尼茲同時獨立發明微積分，並獨自發現萬有引力與運動定律，同時也是經典力學最重要的奠基者。

69年，瓦特改良蒸氣機，為工業革命揭開序幕。此時，鐘錶已達到了每600天誤差一分鐘的精確度。但隨著工業革命的發展，人們的工作時間卻沒有因為許多機器的發明而得到縮短，反而更形增長，其原因在於機器固然提高了人的生產力，但也造成了更激烈的商業競爭，且隨著人口的增加，人們為了在商業環境中求得生存，耗在工作上的時間也就不減反增了。

1783年，美國獨立。

盧梭（1712-1778）除了反對鐘錶對於人身自由的專制之外，更提出：「我們手裡的金錢是一種保持自由的工具。」的看法。

1810年，Pierre-Simon Laplace在《機率的分析理論》發表「中央極限定理」。

1814年，英國斯蒂芬森發明了能在鐵軌上行走的蒸汽火車。

1833年，英國通過〈工廠法案〉，強制必須給予工人兩個全天和八個半天的假期。

1858年，美國費城人史密斯（Hamilton Erastus Smith）發明電動洗衣機，為人們節省了許多的時間。

1859年，達爾文出版《物種起源》，因書中自然選擇的進化論，而觸怒教會，被紅衣主教稱為「畜生哲學」。同年，英國移民帶著12隻歐洲野兔到了澳洲，由於當地沒有兔子的天敵，導致48年後，兔子在澳洲氾濫成災。因兔子與牛羊等爭奪牧草，而使得澳洲的畜牧業遭到巨大損失。1950年，澳洲政府引進南美洲原產兔身上的黏腫瘤病毒，迅速殺掉了99%的野兔。2005年，澳洲又為19世紀引進作為交通工具，八年增加一倍的野駱駝而煩惱，為此決議用直昇機進行獵殺七十萬頭野駱駝的行動，但遭非議。

1864年，克勞修斯提出「熵」的概念，並應用在熱力學中。1948年，信息論創始人夏農首次將熵引入資訊理論之中。

1879年，愛迪生發明了電燈。

1890年，馬歇爾《經濟學原理》，發明「需求彈性、長線短線」等概念。

美國經濟崛起，各個產業都蓬勃發展，洛克菲勒、J.P. 摩根、卡內基等大亨興起。美國很快成為新一代財富創造者的代表，也引領起財富的揮霍與享受風潮。同時，美國的科技發展也開始進入一個新的高峰期，各種科技發展與產品的日新月異，與他們財富的快速擴張，互為表裡。美國的財富創造與消費，都標誌了20世紀「多一點」時代的到來。

1843年，根據《南京條約》與《五口通商章程》的約定，上海成為對外通商口岸。到了1930年代，上海不僅各國租界林立，也因此成了全國最繁華熱鬧之地，更是20世紀初中國所有「多一點」的代表。

1904年，商務印書館出版中國第一本採用新式標點符號的中文橫排書籍，標點符號的使用，也大為節省了人們閱讀的時間並減少了曲解文意的機率。

1912年，中華民國建立。中國開始走向中國傳統文化少一點、西方文化多一點的新紀元。

1915年，宋慶齡不顧家庭反對，與孫文結婚。五四運動之後，藉由自由戀愛而結婚的風氣開始興盛。

1919年，五四運動，將西方民主與科學思想引進中國。同時，文白之爭進入高潮，同時還有注音字母與國語羅馬字之爭。

第**4**個階段（20世紀至今）
反思階段

科技的發達，交通的便利，電腦的普及，網路的發明，資訊的爆炸，促成全世界往多元化與大交

1937年，南京大屠殺。

1949年，台灣三七五減租。1951，耕者有其田。1954，公布「實施都市平均地權條例」。

1949年，中華人民共和國建立。1950年，大陸開始推動簡體字，那是少一點的中國字。

50年代，台灣進入白色恐怖時代。

1959-1961年，大陸爆發了空前的大飢荒危機，其間非正常死亡人口高達三千萬人。這已經不只是少一點的事情了！

1964年，大陸第一顆原子彈試爆成功。台灣衛生署推廣「樂普」避孕。1971年，台灣推行「兩個孩子恰恰好」的家庭計畫。1980年，大陸開始嚴格執行一胎化政策。

1966年，文化大革命開始。

1969年，政府將興建中的台中潭子工業區，改建為「台中加工出口區」。有平衡工業發展，增加就業機會，緩和中部地區人口外移等功用。1971年建設完成，為台灣的經濟奇蹟做出了不少貢獻。同年，台灣自殺防治中心「生命線」啟動。

1974年，台灣推動十大建設。

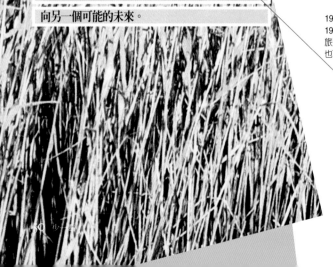

1900　　　　　　1920　　　　　　1940

流的趨勢發展。美國由於科技與財富的交相發展，成為世界新霸權，引領全世界的資本主義消費、創造、娛樂的潮流與脈動。

人們過度消費與耗損，自然環境遭到嚴重破壞，能源面臨枯竭危機，同時貧富差距拉大，成為不可避免的發展。在物質享受與慾望橫流，競爭與戰爭極度升溫的時刻，人們開始反思。世界正邁向另一個可能的未來。

1905年，愛因斯坦發表特殊相對論，提出$E=MC^2$公式。

1920年8月，美國正式將婦女投票權納入聯邦憲法。

以非暴力抗爭聞名於世的印度聖雄甘地（1869-1948）這麼說過：「文明的真諦不在於增加需求，而在於主動、自願地棄絕需求。」

1948年10月，夏農於《貝爾系統技術學報》上發表《通信的數學原理》，因此成為信息論的創始人。

50年代初，美國盧恩首次將計算機用於關鍵詞索引的編制。

1952年，由美國Franklin National Bank發行第一張信用卡。1995年，英國Mondex推出電子現金儲值卡。此後，人們四處旅遊時，已不再需要攜帶過多的現金，不久後人們進行消費時也可以開始享受分期付款的優惠。

1953年，華森和克里克發現DNA的雙螺旋結構。

60、**70**年代，美國興起嬉皮運動，以反越戰、反冷戰、反民族主義、提倡非傳統的宗教文化為活動主軸，批評當時社會的價值觀。嬉皮運動沒有領導人與宣言，嬉皮們藉由公社式和流浪的生活方式來宣揚他們的主張。

1977年，台灣公布《獎勵投資條例》。

1979年，朱邦復發明「倉頡輸入法」，使人們節約了很多輸入中文的時間。

80年代，衍生性金融商品開始風行，信用卡的個人信用評等成為銀行管理交易風險的重點，信用卡開始盛行。

1980年，台灣設立第一個科學園區，是新竹科學工業園區。「科技新貴」逐漸成為新聞版面的常客！

1980年，中共人大批准經濟特區，大陸個體戶取得合法地位。

1987年，台澎地區解嚴，開放大陸探親。

1987年，台灣股市開始狂飆，外匯存底增至767億美元。經過幾十年的財富上的少一點時代，台灣進入一個富裕的多一點的時代。

1995年5月，大陸開始實施週休二日制，又稱五天工作制。

1997年，香港回歸大陸，同年亞洲金融風暴。同年，台北捷運開始通車。

1998年，台灣離婚盛行，單親家庭大增，生活於單親家庭的兒童則從1944年的31萬5千人增加到37萬7千人，相當於每十七位小孩就有一個出自單親家庭。

1999年，大陸於春節、五一、十一實施放長假的政策，連同週休二日，人們一年裡有三分之一的時間是在工作的狀態之外。同年，台灣高鐵開始施工。

1999年，萬泰銀行推出第一張現金卡「George & Mary現金卡」，迅速掀起風潮。

2001年，台灣國民所得由1950年代的80美元，歷經70年代的2000多美元，1993年的10,566美元，此時到達顛峰14,000美元。

2005年，國防部以台灣每人每週少喝一杯珍珠奶茶的比喻力推軍購案，遭到強烈反彈，與全民公投的否決。

2005年，據法務部調查，全台有一百四十七件的閒置工程，總金額高達400多億元。同時，高鐵未能如期完工，政府緊急出資75億加碼投資。

2005年，富比士全球富豪排行榜，香港首富李嘉誠排行第二十二，台灣首富郭台銘排行第一百七十，大陸首次出現十億美元富翁。

19 86年，民進黨成立。隔年，台灣政治解嚴，整個社會的注意焦點，從過去幾十年的注意經濟多一點，注意政治少一點的階段，進入一個注意經濟少一點，注意政治多一點的階段。

中華人民共和國建立之後，長達三十年時間，社會一直處於注意政治多一點，注意經濟少一點的階段。80年代開始改革開放之後，到80年代底也站上了一個轉捩點，尤其發生了89年的天安門事件之後，整個社會的發展，更是全力往經濟多談一點，政治少談一點的方向發展，與同一時期的台灣形成極為強烈的對比。

20 05年，據金管會的報告顯示，至今年3月底止，發行現金卡的金融機構已有三十三家，總發卡數高達613萬張，此外貸款餘額卡數亦高達379萬張，放款金額2,705億元。據11月底前的統計可知，台灣每個人平均有兩張信用卡，有四十萬人已連續三個月無繳款紀錄。

1960　　　　　　　　1980　　　　　　　　2000

1960年，自動提款機發明，但要九年後才應用上市。

1963年，美國氣象學家洛倫茲（E.N.Lorenz）提出混沌理論（Chaos）。

1965年，美國柏克萊大學系統理論教授柴德（Lotfi Zadeh）提出了「模糊邏輯」（fuzzy logic）的概念，也為人工智能的發展開闢了另一條途徑。

1977年，Apple II問世，正式開啟個人電腦時代。1981年，第一台手提個人電腦「Osborne 1」上市，重24磅。

1990年，蒙特利大學學生尹塔吉（Alan Emtage）發明第一個搜尋引擎「Archie」。同年，提姆·柏納李（Tim Berners-Lee）把網路帶入WWW時代，網路才開始日益普及。

1995年，貝佐斯（Jeff Bezos）創立全球第一間網路書店「亞瑪遜書店」（Amazon）。

1997年，無人探測機「Mars Pathfinder」登陸火星。複製羊「桃莉」在英國誕生。

19 99年，日本央行為刺激經濟發展，鼓勵人們進行各項投資，開始實施零利率政策。目前日本一般存款帳戶每年的利息只有0.001%，一次跨行提款的手續費用就足以抵銷一年的存款利息。日本央行也將逐步走向「付費存款」的時代，「存錢生利息」的投資概念至此被徹底瓦解。

2003年，中、美、英、日、法、德六國共同研究的所有人類基因圖譜排序已宣告完成。

1998年，Larry Page 和 Sergey Brin 創辦Google。2005年，Google已成為全球資訊網最大的搜尋引擎，提供使用者運用由八十億個URL組成的索引。

19 81年，美國社會學家杜安·艾爾金在《Voluntary Simplicity》中提出包括：「少吃肉、糖，吃較自然、健康、簡單的食物，不要選取過於精緻的食品；減少生活中的喧鬧、零亂與繁雜，把一些自己用不著的衣服、書籍、家具、電器送出去；改變消費型態，選擇可循環或再生使用的物品」等等簡樸生活通則，並逐漸在美國引起共鳴。

19 89年，義大利人Carlo Petrini組織「慢食會」，推動慢食運動，活動迅速擴及全世界。1999年，義大利托斯卡那省的Greve市長Paolo Saturnini更進一步提倡反急速的優游生活，更與市政聯盟合作，成立了「緩慢城市聯盟」。「緩慢城市運動」旨在緩解國際化對歐洲小農的衝擊，並推廣城市擴大行人專用區，廣場、公園種植更多的植物，禁止街頭廣告、汽車亂鳴，拆除雜亂的電視天線和霓虹燈等主張。並推行再生能源、環保運輸系統、有機耕種、小規模食物生產等活動。

「少一點」的奇蹟

十二世而篡齊　春秋初期，陳公子完從陳國逃奔到了齊國，得到齊桓公的賞識。齊桓公想任命他為卿，陳完認為自己是受到收留的人而婉拒了他的好意，只接受了「工正」一職。陳氏一族在齊國獲得了安身立命之地。過了一百年後，陳氏因為謹守家風而安然度過了許多政治風暴，並且日益茁壯。到了陳文子時，陳氏開始「以家量貸，而以公量收之」，因為家量比公量少了一點，減輕了人民借貸的負擔，陳氏因而獲得了人民的支持。此後，陳氏開始掌權，到了陳和時便篡位成功。史稱陳氏「十二世而有齊國」。

二桃殺三士　春秋末年，齊景公喜好勇力之士，因而招納了公孫接、田開疆、古冶子三個勇士在身邊。三個勇士恃寵而驕，極為無禮，宰相晏子對齊景公反映此事，認為這三人是「危國之器」，將對齊景公及齊國造成傷害，主張殺掉他們。齊景公聽後大悟，但又怕三人過於勇猛，抓也抓不到，請刺客刺殺又怕失敗，因而不敢行動。晏子聽後便獻上一計，使齊景公送給三人二顆桃子，要他們論功勞決定誰可吃桃。就因為少了這麼一顆桃子，於是三人爭相吃桃，最終都為了維護勇士的名譽而自殺。

減灶之計　戰國中期，魏國與趙國聯手攻打韓國，韓國情勢告急，便遣使向齊國討救兵。齊國於是指派田忌當大將、孫臏當軍師，率領十萬大軍前往救援。孫臏首先採用圍魏救趙之計，以直接進攻魏國首都的方式逼迫龐涓率大軍回國救援，從而解除了韓國的危機。孫臏為了減輕龐涓的疑慮，於是採用減灶之計，並往齊國的方向撤退。第一日為十萬灶，第二日為五萬灶，第三日為三萬灶。龐涓看後大喜，於是拋棄重裝部隊，只以較少的輕裝部隊急速追趕齊軍。最後在馬陵一地遭遇齊軍埋伏，龐涓因此而死，魏國更從此一蹶不振！

約法三章　秦朝末年，劉邦率先攻入了秦國首都咸陽。為了獲得民心，於是宣布簡化法令，與民約法三章：「殺人者死，傷人及盜抵罪。」將其餘秦國繁瑣的法律悉數除去，並讓百官恢復原本工作，封鎖秦國的府庫而不拿分毫，使秦民「唯恐沛公不為秦王」。有鑑於項羽的強橫，劉邦又採取退讓的措施，而退出咸陽。項羽到達咸陽後，反其道而行，不僅殺了投降的王子嬰，更劫掠府庫，燒了阿房宮，大失民心。項羽最終敗於劉邦之手，自刎於烏江，而劉邦則建立了大漢帝國，成了漢高祖。

分封七國　漢景帝聽從大臣晁錯的建議，將削弱七王的封地，結果引起七王的強烈不滿，而趁機發兵打算藉清君側的名義行篡位之實。漢景帝大驚之下，聽從爰盎的建議殺了晁錯試圖平息眾怒，不得已又派遣周亞夫率軍討平叛亂。到了漢武帝，為了避免重蹈覆轍，於是採用了主父偃的策略：「願陛下令諸侯得推恩分子弟，以地侯之。彼人人喜得所願，上以德施，實分其國，必稍自銷弱矣。」成功地削弱了各諸侯國，重掌大權，使西漢長期地擺脫了內亂的陰影。

淝水之戰　東晉時，苻堅率領號稱百萬的大軍進攻東晉，打算一舉消滅這個王朝。東晉方面派出謝玄等人率領八萬北府兵迎擊，兩軍相距於淝水，苻堅一方不願先渡河，免讓東晉軍占了便宜。謝玄退一步思索，於是告訴苻堅這麼下去不是辦法，請他們先退後幾步，讓東晉的八千前鋒渡河一決死戰。苻堅大喜之下馬上答應了這對自己軍隊有利的要求，卻不知謝玄早安排了朱序做為內應，隨時打算散播謠言。因此當苻堅的百萬大軍開始退後，而命令尚來不及傳到龐大的軍隊後頭時，朱序已經在其中宣傳軍隊大敗了。結果百萬大軍不戰自潰，謝玄趁機率軍大肆砍殺，打敗了苻堅，苻堅更因此受了重傷，從此無力再對東晉用兵。 ■

part 3

人物

○：我們的題目是，當許多人都在重視、追求「多一點」的時候，何不改換個角度來思考一下「少一點」的觀念。你會怎麼看「少一點」呢？

◎：我是個很晚開竅的人。以前，我只想努力工作成為一個專業工作者。我相信，只要比別人專業、比別人努力，就可以達到一切。可是等你生意開始不好了，等到你做得不順了，你就會開始想：為什麼會這樣？就跟生病一樣，你會抗拒、你會懷疑。然後你才慢慢努力思考一個問題：「為什麼會這樣？」

後來慢慢覺得，自己其實並沒有像過去自以為的那麼厲害。像我們這種四年級的前段班，碰上台灣經濟正在起飛的階段，我得到的許多東西，其實跟timing有關係，跟社會的環境有關係。你能得到的很多東西，其實都和你自己無關。只是過去你不會這樣想。

最近新聞公布大陸富比士的財富排行榜，裡面有個丁磊。他二十幾歲，來台北演講，我也聽過。已經多少年了，他都是中國Top 10。我聽一位網路業者說過，其實我們的網站做得比大

如果說一般人看到的那條長長的橫線是人生的話，我現在注意的一條條短短的垂直線則是「微型的人生」。「微型的人生」不是生涯規畫，而是自我定位。「少」和「多」聽起來矛盾，是因為在語言和文字上，事實上不會。如果要講到工作或公司的經營上，對我來說，區別在於有思考和沒思考。……少一點應該也是同樣的道理。……事業成功不是因為你努力，更大一個原因是你做對了決定。所以人應該保持一種可以隨時做最好決定的狀態，而要保持這個狀態首先就是不貪心、不要有錯誤的慾望。

訪問—郝明義

攝影—蔡志揚

整理—沈小西、藍嘉俊

陸好，quality、概念、策略都好，但就是市場小。他那邊市場為什麼大？除了人口多以外，是因為他們有一個timing，大家都在耕耘一塊原始的市場。十年後的中國，也不會再有這個機會了。所以時機很重要。為什麼這個時機剛好就做這個事？因為你恰好就在幾十年前被生了下來。可是我們以前都覺得只是靠自己。

以前，我相信成功要靠你的「觀念」，加「意志力」，加「行動」。可是今天我會想：也不見得吧！同樣的「觀念」，加「意志力」，加「行動」，放在不同的階段，有時候會成功、有時候就失敗！

人通常都要追求多、追求大。這個社會就是教我們要大，大到有點月暈效果。月亮看起來好大，但其實不是本身大，而是旁邊的光暈，好像這個才是主流。

因為要追求，所以就投注他所有的能力，甚至包括正當的和不正當的手段。

大約五年來的時間，我比較洩掉一些氣，但這個洩氣不是沮喪，而是有點像是調整飲食習慣的意思。即使你能吃得很飽，但寧可吃七分飽一樣；就算你有十分的力氣，仍然最好只花個七分。所以我最近都常說「把餅做小一點」。

○：再多談談「把餅做小一點」吧。

◎：把餅做小一點，不代表把公司做小一點。實質上就是慾望不要太強烈，不要有太強烈的慾望。我們為什麼會有強烈的慾望？就是我剛剛講的，我們從小就被教育，也自我教育成要追求大、追求多，從沒有想過這裡面的問題。從來沒有人跟你講：你的人生雖然跑了最後一名，可是你比別人多看了幾朵花。我們沒有這種價值觀、人生觀，台灣太不多元了。如果說我在背叛自己的過去，我其實也在背叛這個社會的一種價值觀。

我會想到要「把餅做小一點」，有許多原因。家庭方面，我兒子已經長大，在讀大學，他也知道自己以後要幹嘛，對他，我很放心了。在公司，你知道有哪些事情是你辦得到，

大約五年來的時間，我比較洩掉一些氣，但這個洩氣不是沮喪，而是有點像是調整飲食習慣的意思。即使你能吃得很飽，但寧可吃七分飽一樣；就算你有十分的力氣，仍然最好只花個七分。所以我最近都常說「把餅做小一點」。

哪些是你辦不到的——譬如說我不可能去擁有一個跨國的傳播集團。這都很清楚。我越來越知道哪些事情對我是不可能的，然而這些「不可能」不會讓我沮喪，而是讓我比較清楚自己剩下的「可能」是什麼。

這樣說，雖然慾望少一點，但我覺得毫不影響自己工作、行動的力量，甚至還會增強。因為你的挫折會減少，不舒服、不愉快的感覺都會比以前少很多，這樣相對是比較健康的。

○：這是一種生活哲學的改變了。

◎：新聞說，台灣人的工作時數世界第一。而廣告這個行業，可能是台灣各行各業中尤其不輕鬆的行業。

我講一個例子。我兒子小學二、三年級左右的時候，沒有人問他，他竟然就主動跟他媽媽說：他這輩子絕對不要做廣告這一行。當時我聽了，沒當一回事。可是我現在明白為什麼他那麼小就有這個體認。因為他不要以後過我這樣一個禮拜工作七天，每天回家的時候小孩子都已經睡著了的生活。我常常都是兩、三點才回家，不是去喝酒，是加班。我們工作的方式都是這樣，一個禮拜工作七天，每天可能都是超過十四個鐘頭！而從專業的衝刺、到形象的創造、到業績的提升、到利潤的極大化，所有那些努力的衝刺，後來想一想，因為太陷在那裡頭，其實是沒有生活的。而且回想起來也不開心！

我想起將近三十年前的一件事情。當時日本喜歡搞很大的東西，譬如說他們要搞整個地球，所有汽車廠的slogan都是人、車、地球。那時候養樂多卻做了一個活動，邀請各行各業傑出、並且在75、76年剛好自己生了小孩的人士，針對這些當時剛誕生，到進入二十一世紀的時候則已經快三十歲的小孩，寫一封信給他們，告訴他們應該怎樣走自己人生的路徑。我印象最深刻的是有一位女性寫的。她給自己孩子的信裡說：你如果要在人生的過程中努力地衝刺，我覺得很好；但是如果你在這個過程中，偶爾不想跑了，要坐在路邊休息一下，那也很好；如果在這過程中，你看到路邊有美麗的景色，乾脆要停下來瀏覽，那也很好。人生，並不一定要跑的比別人更快、更遠。

如果一個歐洲人花很多的時間在想他的生活、他的人生的話，這方面相對而言我們想的最

少。因為我們的時間、精力還有我們的價值觀，根本全部都是在想我怎樣更專業？怎樣把公司搞得更大？個人也好、社會也好，我們追求的組合裡面，事業、工作是占據了絕大部分。這是一個偏食的社會。我前二十幾年的工作，其實是一個偏食的生活。所以慢慢體會到要做小一點。小一點不是指生意一定要小一點、也不是說客戶再少兩個，那就不要做了。應該是說觀點跟感受的問題。現在，我希望工作對我心理的影響是越少越好。可是這並不代表我的工作力量會減少。

○：你這幾年也愛喝紅酒。有些常跟你一起喝酒的朋友，說你人都變得柔和起來。這也有關係嗎？

◎：這應該是上了年紀的因素，跟喝紅酒無關吧。

○：你這幾年還有另一個新喜好，就是愛看小說，大量地看小說。這又是怎麼開始的？

◎：這是從我兒子念大一開始的。大概也是五年前的事。

以前，我自以為最喜歡閱讀的是哲學。可是看到我兒子進了大學，才大一的時候就那樣讀哲學，我才知道自己真是門外漢，完全沒有進入。看他那種讀哲學的狀況，才知道哲學是一個非常有系統的訓練。我兒子每天花十四個鐘頭K書，從大一到現在。他的學院的系統跟訓練，和他投入的時間跟精神，讓我覺得要改換一種閱讀。應該說我是被我兒子啓發了。我覺得文學是比較可以自由、輕鬆的選擇。

○：再加上心境的改變。

◎：可能吧！

○：那最近呢？

◎：前一陣子我跟你說，我都在讀跟大陸有關的小說。我這趟從上海回來比稿，五個禮

拜，大概近三週完全無法閱讀。我回家如果要看個什麼東西的話，就是看電視。然而，比以前好一點的是，我花最多時間在看Discovery，還不算是在殺時間。而且，閱讀已經成為衡量我內心狀態的溫度計。我現在認為所有的事情都應該是順其自然。譬如我現在看不下書，那我也不勉強自己，因為我知道反正有一天還是會重拾書本。或許我這兩、三個月都在讀大陸的作品，現在是覺得夠了。不知道接下來還會有什麼變化，可是至少我知道這個變化的起因，是因為我增加了兩個大客戶。我明白也好、不明白也罷，它肯定會產生一種巨大的影響，所以我接受這種狀態。

　　○：你談了很多有關個人的「少一點」這種觀念的調整。現在我們換個角度來看。當我們剛開始企畫這個題目的時候，有些人聽了表示，台灣現在已經夠蕭條的，現在應該是要鼓勵消費，鼓勵多一點擴展的時候，你們怎麼反其道而行？你的意見呢？

　　◎：（從面前桌子上擺的一堆書裡拿出一本）這本《湮沒的輝煌》裡面談了這麼一段。孔子到洛陽去找老子，老子當時是圖書館管理員，兩人有一段對話。孔子跟老子說：你那個無為而治是行不通的，而今天下洶洶、禮崩樂壞，民眾苦到了極點，有智慧的人應該以天下為己任。老子就說：不對！我們說的無為是要做到從外表不著痕跡，不費周章。譬如蓋一棟房子，在最初就把所有可能發生的問題都考慮到，所以蓋完之後看來似乎輕而易舉。無為就是無不為。無為不是什麼都不做、躺在床上。

　　所以，少一點應該也是同樣的道理。你用一種更放鬆的態度的時候，你可能更有一種人的感覺、人的智慧，你可能做了更正確的判斷、事業做得更成功。事業成功不是因為你努力，更大一個原因是你做對了決定。所以人應該保持一種可以隨時做最好決定的狀態，而要保持這個狀態首先就是不貪心、不要有錯誤的慾望。去除掉一些在你做決策時會干擾你的因素吧！現在回想，當年自己看這些網路的新聞、誰發牌什麼的，那種內心的騷動啊！你調查大學生的偶像是誰？張忠謀、林百里、王永慶，這個最糟糕。糟糕不是說不能這樣，而是說它的理由在我看來是錯誤的、危險的。

現在的溝通越來越困難，媒體越來越分散、競爭品牌越來越多，total solution翻成白話文來講就是要把所有你認爲能有效改變消費者的力量化整爲零、精簡。……simple minded就是在這個過程裡面，讓每一個切割出出最小的溝通單元都要很單純。

○：為什麼危險？

◎：譬如說，為什麼能有王永慶？我覺得首先是那個時代，國民政府撤退來台灣，關鍵性的決定，就是這個台灣島上要有幾種重要的產業。所以這個故事不能簡化成一個小學畢業、從小家裡貧窮的人，因為努力賣米，努力工作，所以他就賺到台灣最多的錢。這種錯誤的理解是很高度的危險。而且那個時代也不再了。

再看Docomo。Docomo因為太成功了，所以它很難拋棄在2G上的成功，好好往3G布局。可是他的競爭對手，一個大家都沒聽過，叫KDDI的，因為知道2G搞不過Docomo，所以他們很早就花很多時間、財力在3G。現在3G出來了，後來Docomo的3G業務、收入只有KDDI的幾分之一。這對我來講就很震撼。現在太多這種例子了。現在的大企業，基本上脫離不了全球化的競爭，用資本密集跟技術密集競爭的思維。可是現在任何成功都維持不了多少年，再大的投資也不一定能成功，成功了，也可能是你下一個失敗的開始。

可是過去不是。以前國泰人壽、台灣塑膠、新光人壽，他們就算一年做錯三個決定，也死不了，頂多是效率低一點就是了。但是今天卻是會要命的！所以我現在對企業充滿一種幻滅感，不要去玩這種遊戲。人要了解自己，我現在知道自己的性格，我不是那種類型的人。說起來，我現在很像兒子小學三年級的時候。當時他就是知道自己將來不要做廣告。

○：我們來談談廣告好了。你曾經講過，做廣告的角色就是左手接客戶的需求，給他一個專業的total solution，然後把客戶的預算，轉給右手那邊的媒體。你要幫客戶想一個total solution的時候，是需要從「多」面向來思考的，而廣告訊息的本質，又著重「simple」，簡化。在「多」與「少」之間，要如何酌量考慮？

◎：現在講廣告，跟以前講廣告已經很不一樣了。早期的廣告不過就是平面廣告，後來多了電視、活動、公關、網路……越做越多，可是它的目的都是一樣的，就是要改變消費者的態度，希望消費者買你的產品或是增強對這個品牌的偏好度。可是，偏好度也只是個過程，最後都是要成交的，到最後全部都是生意。現在的溝通越來越困難，媒體越來越分散、競爭品牌越來越多，total solution翻成白話文來講，就是要把所有你認為能有效改變消費

者的力量化整為零、精簡。

以前很多都是一個產品一年拍一支廣告就搞定了。現在每個月我只跟你說一件事。這個月...的功能，電視擔負五分之一的功能……現在做...的想法、去配合更多元的媒體空間。如此靠這...人。它的中間經常變，但是頭尾沒有變。頭就...在這個過程裡面，讓每一個切割出最小的溝通

最後變成子公司，不都是一樣的道理嘛！不然...累了，幹嘛要經營十家出版社！可是十家出版...有效率的。

一個廠商面對這麼多消費者只能透過媒體，所...的溝通效果，這裡面就有很多的技巧，其中之...，每次我只跟你溝通一件事，這件事才能被...是「多」、不是「少」。「少」是它的手段，不

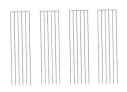

...d。這是很策略的啦！譬如一個三十秒的影片...，因為記不得。記不得就是沒有效。所以，...絲就會想去頭皮屑，從這個產品誕生到它...皮屑最有效。像P&G這麼大的一個公司，它...眾只做一件事。除了去頭皮屑的，要烏黑亮

...在語言和文字上，事實上不會。如果要講到工...和沒思考。沒思考的時候就是要多、要大，

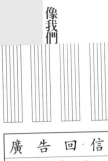

有思考的話就不一定要多、要大，但這背後的差別在於，以前是順著主流價值觀，現在是順著自己思考過後的一種新的自然。

○：廣告這個行業最大的特質是什麼？

◎：我的個性很強烈。做廣告這個行業，大體上來說也算是正確，因為我有一種本能就是一直想要說服別人。我樂於跟人有不同的觀點，如果我沒有跟別人觀點不同我會覺得很不舒服。可是這個行業又帶給我很多不同的挫折。

廣告圈其實是一個很扭曲的圈子——所有做決策的廠商其實都比廣告圈的人不懂廣告，所以才要外包給我們做。可是我們做好的東西又要回頭給他去核可，由他做決策。外行領導內行是避免不了的。我都五十歲了，在這個行業也有三十年的資歷了，但是今天出去提案的時候，客戶那很可能就是一個剛畢業的大學生要來挑我的問題。

我之前聽廣告圈一個朋友說過一句真是至理名言，不過也是很矛盾的名言。他說：「我最好的作品在兩個地方，一個是在垃圾桶，一個進了櫃子裡。」總之，就是通通沒有被採用、執行的。這個行業的本質就是這樣，所以大家都在罵。有時候，大家離開客戶的會議室，上了車就開始一起罵。同業去pub交換的，也都是哪個客戶有多爛。

孫大偉要離開奧美的時候，我寫了一封信給他。我說：像我們這樣的廣告人，我們已經沒有皮膚了，我們的皮膚就是神經。即使是微微一陣風吹過來，我們都覺得好痛。鑽研得越久、做得越久、越投入的結果，是你越不耐挫折。正因為你已經不年輕了，所以你才會更受不了！

總的來講，以前我太容易受情緒的影響，這些情緒都是從工作得來的情緒。

○：後來你怎麼調適自己？

◎：以前會問自己「為什麼要做廣告？」後來讀了《抵達之謎》之後，明白了。這本小說裡面，沒落的貴族有一個破舊的農場，請了一個穿著很光鮮、每週都要回倫敦參加party的人。像他這種人根本就不應該這樣委屈自己到這個農場來，從生活、到意志力都這樣自我委屈。

可是他就是要做啊！因為這是他的job。

這種事太普遍了，我剛好是個廣告人、又做的很久，所以比較有體會。如果我現在剛好要去開一個會，但是因為知道那個會議是不會很開心的，我在開會前就會跟我同事講好會議結束之後要一起去吃冰淇淋。本來它會影響我兩天，我現在只讓它影響我兩個鐘頭、甚至是兩分鐘，因為已經給自己一個很能balance的組合了。如果我喜歡咖啡的話，我要去喝咖啡；如果我喜歡shopping的話，我要去shopping。這是我人生的一部分，如果我的專業和自由意志力都要被扭曲或壓抑，對我情緒上會有很大的困擾。因此我需要把它縮小。

何況，再想想，遊戲規則是有決定權的人決定的。可是他思考的前提跟你不一樣、他思考的邏輯跟你不一樣，而你帶著自己的前提在過日子、在做你的工作。越是有成就的人，他越會覺得自己的前提是正確的。這種正確前提的自我認知，其實是人類不快樂的泉源。因為越相信，所以遇到的挫折會越大，所以痛苦會越大、憤慨會越強。我現在越來越討厭自信的人，包括我自己、我的朋友。

○：這裡面有感到什麼犧牲嗎？

◎：圈內都說我的收費比較貴，而且比較會跟客戶談錢。客戶要折扣我就不接了，但是我並不是因為錢的關係。而是那代表，你並不是真的對我有一種最高的尊重。錢只是一個尊重的物理呈現，我以前是這樣看的。但是現在那種把價格拿來當做客戶對我們尊重的衡量尺度，已經沒有那麼重要了。不只是錢，其他的也不能太在意了。一來我越做越久、越資深，二來我跟客戶的年紀越差越大，以前我的客戶年紀比我大，現在我的客戶年紀比我小、而且越差越多，所以我現在不能太在意了。剛開始做廣告的時候是，我提三張稿子去，客戶如果選中其中一張我就好開心。做到後來是，我提一張稿子，客戶也同意了，可是如果這個過程磨了三個鐘頭客戶才同意，我就好不開心，覺得這個過程很不舒服！可是現在不會了，覺得這也沒那麼重要了！

到現在，如果拿一個攝影師來比方自己，我拍了一百張照片，與其想自己挑最好的那一張，不如就讓最後有決定權的那一個人挑吧！我只負責拍。這樣一想的時候，我拍起來就

很輕鬆了。有時候，我也不免懷疑這樣是不是有一點自欺欺人，不過至少我覺得它非常有效。

○：今後的廣告公司，會如何不同於過往？

◎：這十幾二十年，世界上主要廣告公司不斷出現老品牌逐漸消滅、集中化的現象。這個邏輯走到最後，大品牌就是股票要上市、追求利潤。可是，它上市，它的競爭品牌也要上市，結果大家就互相抵銷，不管是在利潤或是其他方面。所以這個潮流好像是讓單一廣告公司集團化、全球化，可是收益的難度又越來越高，然而股票上市以後又要追求利潤、股價，所以處在一個兩難的狀態。於是大企業一方面要開源、一方面要節流——節流這部分，就是要在盡可能的範圍內聘用比較便宜的員工。

所以現在相對來說，我們的競爭優勢就似乎越來越好，因為都是資深的廣告人，我做了三十年了還是在第一線，除非我現在不如以前，否則我們還是不斷地在進步。而我客戶的競爭品牌則是被另一群人服務，那一群人是在一個股票上市之下的跨國控管團隊，他們的人力素質在某個程度上是用薪水在控制的。就廣告來說，這兩個企業品牌的服務團隊的能力差距是越來越大。

○：像集團化的這種現象，不是有一陣子了嗎？為什麼最近才感受特別深刻？

◎：當年大家不斷地說集團化和全球化對廣告集團是有好處的，原因在於初期你要搶占market share、擴大營業額、利潤，所以可能是正面的。然而，等大家都這樣做的時候，效益就抵銷了，不見了，但是股票已經上市了、每個月都得盯緊報表。

2004年看到美國TM跟P&G兩個負責marketing跟廣告的主管的採訪。我印象最深的是他們都不約而同地說：現在我們的廣告公司關心他們自己集團的股價，遠超過關心我們的股價。換句話說，今天廣告公司對他們自己利潤跟生意的注意，遠超過對客戶的。怎麼會扭曲成這樣？以古典的廣告精神來說，就是你在做黑松汽水，不管你走到哪裡你都要喝黑松汽水，這是一種commitment，你一定要消費客戶的產品。可是現在已經不是客戶第一、客戶優先了，現

到了這個年紀又加上這些體驗，越來越知道冥冥中自然有一股力量在影響你。……從這裡來看有一組相對的兩個東西，一個是你可以掌握的是什麼，當然不可否認的是有更多你不可掌握的。不可掌握的部分我希望有一個可以輕鬆應對的方式、態度。

在是你自己的壓力優先。你的壓力來自於你的regional CFO要求你每個月利潤是多少，因為做不到就換人了。所以客戶從你這裡得到的好處是什麼，對你來說已經是次要的，是行有餘力才能考慮的事情。總而言之，因為股票上市之後，很多的行為就改變了。

很幸運的是，我沒有股票上市跟老外的老闆，這是很重要的關鍵。我常常在想為什麼這麼多的人都要經營企業到股票上市？股票上市是一個永無止盡的電扶梯，你一上市以後，就算兩腳不動也會像踩到第一階的電扶梯，它會把你往高處運送，都不能停下來，這就是上市的命運。可是有的人喜歡上市我覺得也很好，因為資本主義的設計就是這樣，所以我們只能做我們個人的選擇。

○：去大陸發展的事，你想了很久，今年終於下定了決心去上海發展，請談談這方面的想法和看法。

◎：我本來也沒想去上海，後來還是去了，去了就要有一點成績，自己給自己一點交代。我曾經用「二次創業」的說法來形容我去上海的決定。但是後來想想，不應該用「二次創業」，因為當年我們創立「意識形態」的時候，並不是真想創什麼業，只是原來的工作不想做下去，又找不到新的工作，沒有辦法的事情。因而，真正有計畫地要在一個市場上開疆闢土，打下一片天地，去上海這一次，倒更像是第一次創業。因為是真正的創業，所以我的心理、精神都處在一種很特別的狀態。

然而，我才剛去，剛把辦公室、住家弄好不久，在台北又出現兩個很重要的新客戶，我又要把很多時間留給台北了。所以，現在不要說生涯規畫，我發現連計畫都是很不真實的。

到了這個年紀又加上這些體驗，越來越知道冥冥中自然有一股力量在影響你。我去上海才多久，一回來做個體檢，就發現好多身體的各方面都改變了。我的客戶不同、員工不同、回的家也不一樣、吃的東西不一樣、所有東西全都不一樣以後，你以為你做了很妥善的安排、把一切都搞定了，但其實你是被搞定的！被一股力量搞定了，你哪有做了什麼？你只是做了一點你能力範圍的一點安排，這個安排的極大化也不過是整件事情的九牛一毛而已。把那個大小看清楚了以後，心情比較平和，我因此就不會太有情緒。從這裡來看有

一組相對的兩個東西，一個是你可以掌握的是什麼，當然不可否認的是有更多你不可掌握的。不可掌握的部分我希望有一個可以輕鬆應對的方式、態度。可以掌握的部分則絕對不可以鬆懈。我覺得以前不明白，現在比較明白，一定要把這兩件事情切的很清楚。

從這裡再看，我覺得「小」的意思是，我比較承認太多我所未知、不明白的力量對我的影響，大過我以為我可以影響、改變的事情。現在對這個力量的大小有一種新的體認，所以我現在算是比較務實、比較面對現實吧！我能做的，我盡量而已。但是我絕不因為我盡力做了，我就以為我理所當然可以得到什麼，我覺得那沒有任何邏輯關係。我們早幾年在說要把餅做小一點的時候，是因為有一個跟我們在小學時完全相反的體認。小學的時候說人定勝天，其實長大後慢慢明白是勝不了天的，不管是叫天、命或是什麼其他的。

○：那你現在又怎樣看待你的台北公司呢？

◎：去上海感受到那裡的脈動速度之後，回頭再看台北，覺得太靜態了。所以利用這個新客戶加入的機會，我們要把在這裡已經很長時間的辦公室搬動一下，稍微積極一點去創造一種復興的感覺或氣氛。為了未來的發展，我們也以尋找新的合夥人的態度，在尋找新的工作夥伴。但不論怎麼發展，要把餅做小一點的信念則是不會變的。

○：看來你的整個人生都有了很大的變化。

◎：一般的生涯規畫，好像是一條邏輯性的橫線。工作這一段就是從小公司到中公司到大公司，到更好品牌、更高的位階。然後再來是退休、旅遊……可是我後來就顛覆這個想法。我希望把這個橫向的線變成垂直的。最好我每一天的時間裡都有很好的工作感覺、很好的工作過程、很好的工作結果呈現，因為我要服務我的客戶。之外我還有生活的感覺、我還有生活的內容。如果一天的時間實在容納不了這麼多內容，那就用一個禮拜的時間吧！如果這五天不行，另外兩天我一定要去過一點日子。

如果說一般人看到的那條長長的橫線是人生的話，我現在注意的一條條短短的垂直線則是「微型的人生」。「微型的人生」不是生涯規畫，而是自我定位。

我到最近比較明白，人最好早一點明白，他的人生追求到底應該怎麼組合。追求有很多不同的追求，還有組合與比重，到底要有哪幾個因素來追求？每個人要把因素、比重這些東西確定下來。能夠越早確定的人越幸福。以前什麼是幸福？成功嘛！你也知道指的是事業、財富、成就。可是我現在覺得成功是，你越接近你要的組合。但這個前提是你對你的組合要很明白！因為不明白你就傻傻地走啊！走到有一天你才發現自己好像滿幸福的，或是好痛苦。幸不幸福好像都是事後的歸納，可是追求什麼你事先就要弄清楚。

偏偏我們這種東方社會的學校很少教我們這個。所以我們得到的都是要成為偉人、人上人，進社會就要成功、做到最高階，走到你走不動的那一天為止。我看過一個例子，美國IBM的副總裁突然覺得他要花比較多的時間給自己的小孩，所以他請調到IBM的倉庫管理員。這種例子太少了。這當然只是一個極端的例子，可是這種人我覺得他是明白人。

人在他臨終前那一刻，如果迅速地回憶他的人生，能夠含笑而終，那是我最希望追求的一件事。

○：在你的「微型人生」裡面，你保留給自己最快樂或是最後的園地是什麼？

◎：每個階段不一樣。像我最近沒辦法閱讀，可是我最近就很早睡、很早起來，我大概有十幾年沒有這樣；有時候十點多就睡了、早上六、七點就起來了，以前可能六、七點都還沒睡。前一陣子起床就閱讀，現在沒有辦法閱讀，就起來走走路。以前會說動一動現在是走走路，以前的動機真的是為了動一動，現在可能是為了看看別人的人生。對我來講可能是把現實的世界當作一本小說來閱讀。我在大陸時，還特別把自己想像成某一個像上帝這樣的作家，正在寫某一本小說中的某一個小人物，所以行走的感覺就很不一樣。

○：在台灣的時候不會這樣想嗎？

◎：台灣太熟悉了。去大陸比較容易想命運、際遇這件事。在台北跟大陸是兩種心情，這邊什麼都沒有變。

○：對於那些在僵局裡沒有想通，或是已經覺察到要改變但卻動不了的人們，你如何建議他們小小地改變一點，如何採取一點步驟？

◎：我覺得是認知的問題。我剛剛講現在我早上出去走動。本來的認知是，我出去散散步，但現在我覺得自己就好像是出去讀一本小說。經過一個豆漿店，你會覺得他們也是小說中的人物，你可以有很多的想像。這種認知可能是最好的治療方法。其實每個人做每件事，都是要給自己一個理由。人就是不斷的在衝撞，衝撞的時候帶著一些理由，碰壁之後又要找一些理由。

事情看多了，就越提醒自己，到了這個年紀，終於要有一次是比較冷靜清晰地了解自己是一個什麼樣的人。假如我不是一個到六、七十歲在專業上還可以不斷精進的人，那就不要走那一條路了。了解我是一個什麼樣的人，適合走什麼樣的路，我就去走那一條路。如果那個就叫成就、幸福、那個就叫可以含笑而終的話。我們生活在這個世界上，有太多不會改變也難以改變的事情，因此唯一可能改變的是你的自我詮釋。你的自我詮釋會影響你的自處之道，你的自處之道會影響你未來的路。

○：有沒有什麼特別要推薦的書？

◎：我發現西方有一個習慣，好像是每一年都要重讀一本或幾本書，我記得我有一次不知道是讀了哪本小說，書中的主角每一年都要重讀《浮士德》。我最想重讀的書還是《抵達之謎》，它好像已經變成了我的一種……講鄉愁不知道準不準確，它已經變成我心裡面的一種認同的原點之類的，這也很難形容。我剛剛說一對穿著光鮮的夫妻在一個沒落的貴族的農場當個經理，其實我在看的時候就覺得太認同了。那用到我身上也成立啊！為什麼人都這麼努力的工作、追求、用心的安排，可是都處在一種很矛盾的狀態，很不合理、不合邏輯的狀態。 ∎

我早上出去走動，本來的認知是，我出去散散步，但現在我覺得自己就好像是出去讀一本小說。經過一個豆漿店，你會覺得他們也是小說中的人物，你可以有很多的想像。

專業中「少一點」的哲學

採訪整理——編輯部

不只是攝影，包括繪畫、戲劇等藝術，都講求留白。意思是要留下多一點空間，好讓觀者去想像。也就是說你的畫面不要太滿、太亂、太複雜。

好的攝影作品，能將要表達的情緒精簡，只專注在一點上。但那簡單的背後，不只是多了想像，更有作者深刻觀感的延伸。這些都與創作者個人的性格、能力及生活經驗有關。一般來說，年紀夠了，累積夠了，他的畫面，以及要表現出來的東西，自然就越來越會往少一點、安靜一點的哲學層次思考。在平靜單純中呈現深度的情感，這才是高明的。

比如說，要拍一張遊行示威的照片，你不一定要直接呈現暴動、衝突的情緒。在那麼亂、那麼喧嘩的地方，觀察力敏銳的攝影師會找到一個安靜的角落，構圖一點也不複雜，但往往在那樣的場合裡，反而更能顯出力量。拍照不是看到什麼就拍什麼，而是事先就對環境與人有了一定的了解，同時能掌握自己要表達的看法。不是跟別人鬧哄哄的一擁而上，有時，反而是跑得遠遠的，用長鏡頭捕捉到一個簡單的畫面，卻更能清楚呈現當時的情景。

好的器材當然能讓你比較機動的多拍些照片，但記住器材只是工具，重要的是使用者要有那個心胸。有時器材太多反而是一種約束，因為有太多選擇了。你要考慮換這個鏡頭還是換那個鏡頭，東想西想，反而喪失了最佳的拍攝時機。

我認為攝影者與拍攝場景要有一種若即若離的關係，不要太過。如果太近了，就會被裡面的東西所吸引，最後被捲進去，所以要保持一點距離，才會比較冷靜，真正看清你要看的東西，沉澱出屬於自己的味道。但也不能距離太遠，那會讓你冷感。對任何一個想拍攝的主題，事先就應該有一個長期的關注，才能真正理解我們的攝影對象，不是臨時遇到一個東西就跑去拍。一個完全的旁觀者看到的東西就只是表象，也不會有什麼深刻的情感。因此若即若離，大約是一種最佳狀態。

這個社會，任何東西都要少一點。吃的東西、看的東西都太多了，過於擁擠，無法消化，變成垃圾。人也太多了，訊息太多了，讓人無法安安靜靜的去看、去想。人要懂得選擇，不要太貪心、什麼東西都要。（藍嘉俊）

在平靜單純中呈現深度的情感

張照堂（攝影家）

張照堂攝影

丟掉不屬於你的雜念

朱銘（藝術家）

中國來說就是「寫意」，意思到就好，不要太像，太像的話就請造物省來弄就好了。

一個人從小到大學習幾十年，其實學習到的都是別人的，所以學習到最後，還是要把它忘掉，否則那東西留在頭腦變成一種障礙，礙手礙腳的。宗教家把這個稱為雜念，藝術來講的話，所學習到的都是別人的風格、主張和思想，重要是自己拿出什麼東西來。古時候有一句話：「師傅領進門，修行在個人」。為什麼師傅不要全部都教好，只領進門呢？因為接下來的就是由自己去修去摸索，有些找得到，有些找不到，有些修得來有些修不來，因為這種東西沒有人可以幫你的忙，除非自己去修行。修行不是宗教，是一種態度，修行跟學習是非常大的不同，學習是想獲得，修行剛好相反，是要忘掉本來留在頭腦的雜念。修行一方面要丟掉不屬於你的雜念，一方面要把你自己趕快找回來，你才是最有價值的，你才能代表自己。

在雕刻來說，越少，難度越高，因為是簡化，簡化不只是少一點，而是少很多。學習都是從寫實的開始，刻到最後年紀越大越不寫實，越來越抽象。中國來說就是「寫意」，意思到就好，不要畫得太像，太像的話就請造物者來弄就好了。像我刻「太極」系列，為什麼會連鼻子、嘴巴也沒有？目的就是要塑造太極精神，它的大方和豪放。如果你不捨棄這些東西，一下子會擔心眼睛刻得會不會太少，嘴巴要微笑還是不要表情……就會被這些事情所困擾；你要想，我已經刻了幾刀了，你還再想，我已經刻了七八刀，思想永遠跟不上我的刀，我很容易就甩掉了。

這麼快的進行，要刻出那麼成熟且準確的雕刻是不可能的，我也做不到。但是我有一個方法，就是雕刻要多做一些，磨練要多一點。一天刻三十、五十個，刻到差不多始終會有一個或幾個比較好的，就要挑出來，跟著這個最好的再刻第二輪。第二輪又會產生比較成熟的東西，把它大方豪放的感覺抓出來。刻東西，一寸就是一寸，一分就是一分，那就是功力，功力是一定要多，越多越好，多多益善。如果你不把功力練好，想很多想很高，但是你卻做不到，表現不出來，那就是曲高和寡。

在藝術裡不應該有太多的說明性，說明性越高藝術性就越低。我刻的「人間」系列，比如刻兩個雕刻，我並沒有說他們兩個是姐妹，還是夫婦、兄弟，也沒有說明他們在做什麼，是什麼樣的感情……統統都沒有。所以我的雕刻可以放兩三個，或幾百個湊在一起都可以，隨時可以換，變化很大。為什麼變化那麼大，就是因為少了一些說明性。我把作品的名字也減掉，只取「人間系列」這個名字，它的範圍就大到不得了，包山包海包全世界都沒有限制，少了很多說明，它的面和範圍就是無限大的。

以我個人來說，就是希望少一點接觸、少一點應酬、少一點自以為是和自我標榜，裝成很像一個大藝術家，這也是不太好。我到今天還是像學生一樣在學習，少一些自滿，這樣才會有進步。（冼懿穎）

圖片提供：朱銘美術館（高淑媛攝影）

這是一段「虛詞」，不管是《美麗的稻穗》或是《牛背上的小孩》，許多歌曲中，用了很多這樣的虛詞。從小，我在部落中聽到很多歌都沒有詞，純粹是聲音，是原住民自古以來表達心中喜怒哀樂的方式，不需要依賴文字、語彙，是人最自然的詠歎，它當然是音樂語言，但不是我們這種一般的語言。原住民幾千年來操作這樣的方式，形成他們現在口傳給我們的虛詞的唱法，對我在寫歌的時候起了很大的作用，年紀越大，越覺得為什麼要用那麼多的字句去寫歌？

虛詞的段落，往往也是我感覺到最美的地方，用語言的部分是表現出它的字義、語意，虛詞則是更音樂、更精神、更內在的東西。文字造就中國幾千年的歷史，但是文字本身也扭曲了很多的事情，也讓人的距離比較遠，像我們在看到海浪的時候，每次的海浪都不一樣，用文字描述的時候，可能是有限的，但是音樂卻可以千變萬化表現海的樣貌，例如，颱風來臨之前、暴風雨之時、風平浪靜之時，都可以這樣表達。

我不會看豆芽，也不會編曲，所以，我把詞寫出來的時候，就會反覆去哼唱，去感受，孩子一大早就在牛背上，這東西都是我心裡面出來的聲音。我的歌中有時候詞並不一定適合在那樣的位置，但是就只有我會這樣唱，我知道我是在這個地方研磨，唱順的時候，再用這樣的記憶把它固定下來。所以，我的歌數量很少，我的方式，一天是沒有辦法做五首歌的，如果有那些裝備我大概也可以那樣做歌，但是自己的感覺會不一樣。我用鋼琴伴奏，也是一樣沒有正式的音樂訓練，一開始就是唱歌跟彈鋼琴一起，一步一步去操練自己，指法是找最簡單、最適合自己的指法，久而久之，唱就一定彈，這樣鍛鍊手跟嘴，久而久之就變成自己歌唱的樣子。我沒有定譜的時候，沒有「作曲完成」的時候，所以我一直在編，在最舒服的狀態中唱。所以每次演出都是不一樣的。與其他樂手之間的關係，就是感受的溝通，要達到和諧，就要去聽人家的聲音，少一點自己的大聲，少一點自己想去領導別人的想法，聽其他聲音和自己的聲音在那樣的地方密合前進，就會覺得那聲音是美麗的。

我希望像我的祖先一樣回到自然發抒的聲音，自然唱出感到的東西，皮膚感受到的、眼睛掃描到的，可以自然唱成歌，或者別人的眼神、關注、期待也可以變成歌，這些聲音裡面沒有由定義字彙、語彙而出來的東西，是不帶思想，是純粹、純淨的。真正的詠歎，從自己的心裡、最深處發出來，超過一切。

在這個時代，都是用人的論述去辨證出許多東西，這世界的道理已經夠多了，不管它是怎麼樣的道理。托爾斯泰說過什麼地方沒有樸素，什麼地方就沒有偉大。我們要去尋找樸素，因為這種東西在我們的社會中不見了。人的心也要樸素一點，多一點和善的眼光，多一點招呼，少一點冷漠，只要多一點點，冷漠就會消失。（莊琬華）

真正的詠歎，從自己的心裡、最深處發出來，超過一切。

自然唱出感受到的東西

胡德夫（音樂家）

徐欽敏攝影

每一個小片段的無聊，加起來就是最後觀眾所看到的人生。

學的時候一大片，做的時候一條線

吳興國 （演員）

作為一個從事藝術的演員，我希望拿出去的東西是簡單而達到最高的效果，但是我的背後其實是相反的，是不斷的磨練和拆解，背後其實是從多開始，最後才可以達到簡單。那個少不是真正的少，是經過處理的少。

我們要服務觀眾，於是演員要加很多，而且是無限上綱的增加，唱、作、念、打都在他一個人身上，他要把舞台弄得越簡越好，簡到幾乎是空的，觀眾才會看到我的功夫和複雜。演員好像要什麼都會，技巧要越來越精緻、越來越要十項全能。演《八月雪》的時候，高行健說為什麼要找一個京劇演員來演，因為京劇演員是全能演員，你要他唱、演、打都可以，京劇演員從小的訓練就是整體的。演員還要涉獵很多書，要無限制地吸收，可是呈現的時候，就要「學的時候一大片，做的時候一條線」。我們傳統戲劇為了讓觀眾一眼就能把角色辨認出來，就給角色一個很明確的形象，把關公畫個紅臉其實是把它複雜化的，真實生活中哪有人的臉是這樣紅的，這就是複雜化。另一個角度來看，在視覺和認知上，觀眾一眼就知道他就是在演關公，不用去猜了，這就是簡易化，要讓觀眾在「簡」的狀況下去享受。

貝克特的荒誕劇《等待果陀》講的是生活裡的瑣事，聽起來是很無聊的，兩個老人從白天等到晚上，每天都在做一樣的事情，看起來是個平易的喜劇。讓我很感動的是，雖然它百分之九十是在插科打諢，兩個人你一句我一句的對罵，但有時候又會突然沉默起來，這就是要告訴你世界是無常的，人跟人沒法去溝通。故事少了高潮迭起，戲劇張力沒了，但反而符合了貝克特的想法。每一個小片段的無聊，加起來就是最後觀眾所看到的人生，這個人生裡面有多少個期盼和創傷。貝克特就是用最簡單、點到的方式，去傳達背後一種深層的悲哀。貝克特原本把舞台設計得很簡單，只是一棵枯樹、一輪彎月、一條道路，也是一個鏡框，並要求演員要從哪裡上來下去，還不能使用音樂。

其實早在1997年我就想做這部戲，但是陰差陽錯沒有做起來，今年（2005）年初我在法鼓山打禪三後覺得《等待果陀》更適合在這個時候拿出來。我更能體會到，劇裡面那兩個流浪漢就好像兩個老和尚在看生命，這部戲是非常禪的。他們在打發生命時間的時候經常是很無聊的，每天做同樣的事我問你無不無聊？如果你把一生當作一天來看的時候，你就已經看穿了嘛！

生活上我是個非常簡易的人，生活上越不在意你越可減掉更多，通俗的話就是知足常樂，也可以說我沒有太在乎某些東西，所以也不需要去少一點什麼。社會方面，我覺得越有權力的人越應該用一條線的方式去解決事情，否則他一定會雜亂無章。一條線不是隨便處理，而是經過消化後，用最簡易的方法，就像高僧回答很大的生命性或宇宙性的問題時，也是用點化性的，一點就通的方式來解決。（冼懿穎）

我覺得「少一點」有個另一半——多一點。因為很多事都是一體兩面的，如果右邊少一點，左邊自然就要多一點。而我認為多一點的地方就是那種「心」，多出關心細心的那種心意，去推動「少一點」的行動。

就像我們圖文創作的領域一樣，當圖多一些時，圖可以代替文字去演出及傳達，這時文字就可以少一點；反過來亦然，以達到完整表達的目的。

另一個考量是圖本身的呈現，我有時有一種感覺，當圖太精采太美好時，讀者的注意力會自然往圖上而去，因此而忽略了作者想傳達的意念。雖然我是個圖文作者，可是我其實希望圖是加強和輔助的角色，並不是希望讓圖來當主角（除非在某些特殊狀況上，我希望直接由圖來解釋訴說一切時）。真心問到底，我也並不希望讓文字來當主角，我希望是「我想傳達的意念」直接無疑地登上主角寶座，不因我使用的工具是圖或是文，而有所影響或誤導。我猜這是為什麼我只想用簡單的畫風來當自己的工具——讀者少一點注意我的酷炫「工具」，也許就會多一點注意到我的真主角。

而在這些工具選用上，不得不說我覺得圖的效力比文字強。因為文字的形容給予讀者廣大的想像空間，但是圖面影像則太具體了，一圖既出，很難再有讀者自己的畫面了。很奇妙地，我自己雖是喜愛畫圖的人，可是不太希望剝奪讀者的想像樂趣，雖然可以說圖畫自有一番境界供人想像，可是我的自我定位並不是純畫家，而是一個「圖」與「文」雙工具的創作者，而且這兩者都是我的工具而已，工具不需出人頭地。這部分的做法，你可以說，就是呼應本主題的「少一點」——少一點外在虛華燦爛，多一點真實心意。

至於我的作品大都是手寫，而且錯字直接塗改，或甚至沒改。老實說，這些都並不是刻意的設計——因為我打字比手寫更慢，也因為我就是個很容易寫錯別字的人，很多字甚至寫錯也不自知！雖然我承認自己還是依賴電腦很深，但我不認為電腦、科技、現代化是什麼罪大惡極的事！一切純粹只是我自己作業（創作）上的方便行事而已。不過這些結果也意外地和我的理念相符，我是個恨不得大家多得人生大小樂趣的人，如果看我寫錯字、亂改亂塗，也是一種小樂趣，我不在乎別人意外多得一笑！

其實，我第一次聽到這主題時，很想談的是「多一點」，而不是「少一點」耶！這可能和我老是想著要盡情享受、體驗人生美好有關吧！哈哈！我希望大家多看人生美麗面，一言以蔽之，我最終是希望「多一點好，少一點壞。」你也可以說，多一點快樂，少一點陰暗；多一點知識，少一點無知的自我煩憂……它也不是對比，就是陰陽消長而已，我想每個人想要少一些東西時，其實應該表示他在其他方面，也多出些什麼的。

不論陰陽如何消長，我總是希望人都能讓自己活得很舒適、自在。這世間是有陰陽的，有好、有壞，我並不是不承認有壞的一面，然而，我總是想，是否能多一點利用廢物來樂人樂己；少一點因為自己的天性而不快樂？可以的吧！

少一點表現的酷炫工具，以免忽略了真正想傳達的意念。

不要剝奪讀者的想像樂趣

張妙如（圖文創作者）

多一點的衣櫥是不健康的，表示衣服沒有好好的去服侍你；少一點比較健康，因為少一點會有空間去做調度或是增加。當你覺得衣櫥少一件的時候，表示你多了一件不對、不需要的衣服。不對的衣服就是不合身、不得體的，或不適合你的，你才會穿了之後再放回去，永遠在衣櫥裡存積著。所以到你真的需要去見人、參加場合、或工作時而找不到對的衣服的時候，你才會覺得少。物是應該用來服侍人的，不是用來填滿而造成很多問題，甚至於讓自己永遠覺得空虛的。你不滿足才會覺得少。當我們覺得缺少什麼，其實都只是我們太貪。

我們一生所用的衣物是無數的，要花費的也是無數的，你為了買衣服把塑膠卡刷到爆然後還不了，那就是負擔呀。如果你的空間已經被物件堆到連走路的地方也沒有了，或衣櫥裡面有一些衣物是你三、五年也沒有去碰它的，或者是打開衣櫥，類似款式或顏色，你還一直重覆地買，那就是太多了。

買多少衣服是跟自己的經濟能力有關，依你的工作和生活來作出調整。就算你只有兩套衣服，只要你保持乾淨又穿得很自在，你每天對調穿這兩件，也不會有人說不對。如果你比較有能力，又樂於玩穿衣遊戲，有一個很豐富的衣櫥，那也沒有什麼不對。我們說「見山是山，見山不是山」，物質上的多跟少是因人而異，而且在一個人的認知裡面，什麼是多什麼是少都很不一樣，衣服買得對或不對只有自己能判斷。我們不要跟別人比，要跟自己比，互動或挑戰自己，全部是往自己，而不要比左比右，那個比不完了。看自己的過去，做現在，才會有下一個未來。

什麼東西都是平衡，都是中庸，都是一體兩面，沒有絕對的多或少、錯或對。大家要相信自己判斷力與一些直覺，當然學習是永無止境的，每個人每天都在學習，最重要是要保持敏感度，沒有框框的包容，吸收不同的資訊，甚至學習認清自己非常真實的需求和外表。你就是自己最好的老師或判斷者，假如說你已經妝扮好了，當你臨出門以前再看一次鏡子裡的自己，如果有什麼東西讓你覺得不舒服的時候你就把它拿掉，就少一點。或者，你覺得已經不錯了，但好像少了什麼，那它自然會引導你去加什麼東西上去。

我們大部分人都忽略了這種自覺，常常會自疑，我們常常被「自以為」害了，自以為自己很胖、太矮。你每天要遮那個負面而不是面對優點，把負面擴大，你得到的能量當然都是負的。所以，認清自己的好，盡量在這上面無限的去發掘，漸漸你就會形成一種正面的感覺和能量，自然就會選擇對的東西。少一點去懷疑自己，多一點自信。

少一點不關心、冷漠，少一點太多知識框框的說法、想法、做法，少一點批判、拒絕。所有東西都是一體兩面的，少了這個，就會多了什麼，所以要了解我們到底是要多的那一面，還是少的那一面，就在過程中去加跟減。（冼懿穎）

懂得脫下不適合的衣服

黃薇（時尚專家）

就算你只有兩套衣服，只要你保持乾淨又穿得很自在，不會有人說不對。

十年前返國，那時覺得古典元素動不動就用在建築或室內空間中，實在多餘。常捫心自問，有那麼複雜嗎？細部繁瑣到令人厭倦。1990年以後台灣吹起現代風，水平線條或垂直線條的形式相當流行，分別代表著對海平面之寧靜及跳脫地心引力之束縛的追求，這原本是相當自然的。初期本地人也相當喜愛，後來幾乎所有室內雜誌內的作品，均跳脫不了這個框架，水平、垂直線一堆，早忘了寧靜與活力，多到令人心煩。

慢慢的才了解，原來水平、垂直線條也很容易是過度設計的表徵，其實跟濫用古典元素沒什麼兩樣，總覺得缺少真實的面對與實在的態度。不「真」哪有可能「美」？頂多是跟著流行苟延殘喘罷了。然而什麼是真實、什麼是流行？這兩者界線有時並不清楚。我常反躬自省，幾年來略有心得，如室內裝修中慣用的天花板與間接燈光，仔細想想，一定要如此大規模的使用天花板、導致高度降低嗎？有水泥庇護了，真還需要軟軟的夾板嗎？

設計是生活的表徵，因人而異，過度設計或許只是追求真實的過程，古人謂「見山不是山」到「見山還是山」，就是一種內在的提煉與昇華，我認為任何關心生活、真正使用空間的人都有機會成為好的設計師，或者說好的設計其實不是刻意「設計」出來的。

一般人在居家設計的施工過程中，容易面對虛無的空間發呆，對一面白牆惶恐不安，動不動就要加木條、貼木皮，彷彿要用鈔票去貼補心靈的空虛。事實上，在尋常的生活中，一本雜誌、人的衣服、報紙甚至電視上的彩色影像，早已把空間點綴的五彩繽紛。畢竟生活是你自己的，重要的是生活上的基本要求，是否符合你的生活習慣，美學的層次應著重在空間與使用的雙重考量。流行的元素常常莫名其妙的融入自家中，一般人毫無招架之力，那是因為你沒弄清楚自己到底要什麼。思考生活的所有細節，從使用者的角度著手，你會發現問題沒有原本想的那麼複雜。關鍵在於親身經驗後的了解與反思，亦可多翻閱談生活的書籍，再輔以相關的空間影像與案例，如此必能活出自己的樣式，一種無法被取代的生活式樣。

我從喜歡設計、過度設計到不太想設計到還是設計，其中的心境與歷練，還真的需要點時間，畢竟對生活舒適的追求，人皆有之。而設計師如何下筆下的準，行於所當行，止於其不可不止，正是他個人生活歷練、心智活動與專業素養三者巧妙互動下的結晶，非常有趣不是嗎？

環顧整個台灣，以及自己，大家都太忙了。媒體及工作占去生活太多比例。我們都需要一點空白，不一定是要去休閒去遊玩，而是完全的真空狀態。不管是設計或是生活，台灣總喜歡一窩蜂、重口味，實在應該把速度放慢下來。（藍嘉俊）

從過度設計到不太想設計
邱文傑（建築師）

蔡志揚攝影

郭宗坤為台北華國大飯店日本料理廳料理長

日本飲食在調理上以最精簡的方式去呈現它的原味，不需要再添加調味料去燴或煮，每一道料理都是僅此一次、獨特的原味。所以少一點的定義不在於用的量很少，而是用最精簡的方式，以提供自然原味為主，主要在於「著重點、不多餘」，就是所謂的原味料理。

　　除了引出食材的原味之外，調味方式是用自然的味道下去引伸。歐式料理是用油去醃製或調理，而日本所謂的水料理是以水為媒介，將水上的植物與水下的生物加以整合，例如秋季是屬於螃蟹的季節，將栗子磨成泥之後，帶入一點味增，敷在螃蟹上烤，栗子跟螃蟹就很搭。日式料理的烹調方式則是盡量用食材本身的油，例如生魚片的沾料用魚本身的肝磨醬油，沾生魚片吃；或是用該種食材本身生長環境的調味品，像是烤魚時使用魚所生長海域的海鹽，達到相輔相成的效果。

　　一般人都以為懷石料理就是精緻、重美感，而忽略了其重點在於背後呈現食材的能力。季節性是日本料理很重要的趨勢，懷石料理的技術在於利用該季節的動植物去合作，拼出當季的料理。我的做法是就當季最好吃的食材創作一個單一主題，用各種烹調方式加以料理，呈現出該食材的多樣化。

　　料理上除了食材新鮮之外，還需要靠師傅的技術與觀念。廚師肩負著將最好的料理呈現給客人享用的責任，廚師必須有好的觀念，就是要節省，當然不是節省東西給客人，而是要將好的東西保留下來，不好的加以去除。拿到好的食材，還需要掌握料理的時間，這樣才能呈現最原本的味道。好的食材以七分熟最能夠帶出原味，不要過熟，否則最好的甜味會完全流失，失去品嚐食材的意義。

　　排盤方式也盡量精簡化，在擺盤上以真（並排）、行（斜擺）、草（交叉重疊的立體感）三種方式為主，概念來源主要是自然界的層疊，強調的也是乾淨而不多餘，呈現寧靜感，與禪的觀念相似，強調靜、止。日本料理很少有多餘的擺飾，要表現秋意，擺一片楓葉就可以點出意境，不要像中式料理擺放一些與食材主題不相關的雕飾或花飾。

　　我在工作上的哲學是，基本的不可以遺失，多餘的不要做。基本的例如在處理生魚片之前，要多等一段時間，透過冷凍讓魚肉更成熟更美味。而多餘的像是，不要趕著處理掉魚皮，保留魚皮可以讓魚肉接觸空氣的面減少，在需要時才去料理，以能夠維持食材的味道為優先，不要為了自己的方便而做多餘的事。

　　在飲食習慣上，我覺得人們應該少一點貪心，在台灣比較少有這樣的概念，真正的美食家不會要求要吃各式的食材料理，而是以一種當季最好吃的食材去發揮。在外面餐廳用餐時，我可以為了品嚐食物最美味的狀態，而願意花更多時間去等待，不會急促地希望能快一點吃到，這是我自己對「慢食」的定義。

　　太過貪心最後就變成了野心，是一種慾望的野心。貪多過頭往往會得到反效果。我覺得大家的野心都可以少一點，選舉也好，政治也好，不都是為了那個位子。要知道自己的滿足點在哪裡很重要，其實需要改進的不是社會或政府，而是要從人心做起。（陳秋雯）

■

懷石料理不能忘了呈現食材的能力

郭宗坤（廚師）

好的食材以七分熟最能夠帶出原味，不要過熟，否則最好的甜味會完全流失。

簡約之美

在藝術、自然界與周遭生活裡，處處蘊含著少一點的簡約之美。

Lyons, 1961.
..., Paris, 1962.
... Resnais, London, 1963.
..., 1965.
... The First Decade, Loughton,
... Film Makers on Filmmaking, Bloom-
... Resnais, London, 1968.
..., New York, 1968.
..., Paris, 1968.
... The Theme of Time, New York,
... Resnais, Italy, 1976.
..., Boston, 1977.
..., New York, 1978.
... Theory and Practice of the Ciné-
... Muse: Critical Studies in the History
... 1979.
... Kinder, Self and Cinema: A Trans-
... York, 1980
... tives of Alain Resnais, Ann Arbor,
... Arpenteur de l'imaginaire,
... 1986.
..., Rome, 1984.
... Qui êtes-vous?, Lyons, 1986.
... fiction: El cine de Alain Resnais,

... Alain Resnais et d'Alain Robbe-
..., Paris), 10 August 1961.
... (London), Autumn 1961.
... Cinéma (Paris), September
... (London), March 1962.
... Zéro," in Cahiers du Cin-
... Houston in Sight and Sound
... (London), Winter 1961–
... no. 2, 1962.
... "A Conversation with
..., " in New York Film Bul-
... My Own Film," in Films
... March 1962.
... bad; or, The Discipline
... ondon), Summer 1962.
... ted," in Film Quarterly
... in Cinema Eye, Cinema
... of Alain Resnais," in
... 54.
... du récit," in Cahiers
... nouveau cinema," in
... 6.
... Sight and Sound

L'Année dernière à Marienbad

Noguera, Rui. "Interview with Delphine Seyrig," in *Sight and Sound* (London), Autumn 1969.

Goldmann, Annie. "*Muriel*" and "*L'Année dernière à Marienbad*," in *Cinéma et Societé* (Paris), 1971.

Blumenberg, Richard. "10 Years after Marienbad," in *Cinema Journal* (Evanston, Illinois), Spring 1971.

Skoller, D. "Aspects of Cinematic Consciousness," in *Film Comment* (New York), September–October 1972.

Harcourt, Peter. "Memory Is Kept Alive with Dreams," in *Film Comment* (New York), November–December 1973.

Rocher, D. "Le Symbolisme du noir et blanc dans *L'Année dernière à Marienbad*," in *Etudes Cinématographiques* (Paris), nos. 100–103, 1974.

Dupont, G. "Lieux du cinema: De Versaille à Marienbad," in *Cinématographe* (Paris), February 1979.

Armes, Roy. "Ricardou and Last Year at Marienbad," in *Quarterly Review of Film Studies* (New York), Winter 1980.

Blaetz, R. "L'impiego della retorica in due film di Resnais," in *Cinema Nuovo* (Turin), August–October 1982.

Jones, Elizabeth. "Locating Truth in Film 1940–80," in *Post Script* (Jacksonville, Florida), Fall 1986.

* * *

Alain Resnais's *Last Year at Marienbad* shares, with a handful of other films (notably Truffaut's *The 400 Blows* and *Jules and Jim*, Godard's *Breathless*, and Resnais's own *Hiroshima mon amour*), the distinction of being a landmark of the French New Wave, and as such, a major influence upon later film styles. those other films, it remains controversial: it is often d or despised as pretentious nonsense by some while ad a masterpiece by others. In any case, it remains, far m the other films, distinctly avant-garde in its conception of

Co-authorship of the film must be assigned to screenwr Robbe-Grillet, whose earlier novels (notably *Jealousy*, 19 themes and narrative techniques with *Marienbad*. Robbe later works—films he directed as well as novels—hav stronger resemblance to this first screenplay. This is n major credit to Resnais, whose fascination with them and memory runs through virtually all his films, and already displayed in an earlier feature and in a serie subjects a mastery of montage and gliding camera characteristic of *Marienbad*.

Marienbad's initial fame was based on certain surfac the baroque palace setting with its eerie formal gar Haunted Palace brought to life), the frozen postures the "Marienbad" game the guests play (a brief fad af release), and the puzzling plot of a man ("X") wh convince a languid woman ("A") to leave her sini or lover as—X claims—she had already agreed to at Marienbad. A, however, claims not to know X. A r of the film is the frequent number of flashbacks, flashforwards, which may in fact be fantasy scenes; visions of X or A or both. The film is also radi of narrative voice. At times descriptions by the voice pond to the actions on the screen; or the narrato

《去年在馬倫巴》：靜默與凍結的電影

電影藉光影雕刻時光，在不斷旋轉的時間迷宮中，電影的簡練不在對白少，不在音樂沉靜，亦不在畫面的蒼白或抽象，而在話語的交鋒中嘎然停頓，在褥麗的鏡頭推移中突然凝固，頓時將時空拋擲至類近於拔尖的高音的荒邈之中。《去年在馬倫巴》鏡頭的華美在於推向人類生命最終的空洞，導演諷喻布爾喬亞漠視人性轉而代之的物質性格，一種麻木的冷靜。電影中突如其來的靜默和留白像瞬間凍結的巴洛克花蕾，風過處，都將碎裂，化為烏有。

有別於法國新浪潮，《去年在馬倫巴》（Last year at Marienbad）是塞納河左岸的電影大師亞倫雷奈（Alain Resnais）1961年的驚人之作，劇本出自法國新小說的健將霍格理耶（Alain Robbe-Grillet）之手。電影裡有三個主要角色，X男子試圖說服A女子離開她身分曖昧的丈夫或情人M，與他遠走高飛。X不斷告訴A去年此時他們相遇於馬倫巴，A亦承諾一年後與X雙宿雙飛，但A不復記憶。X所描述的一切是隨意捏造的騙局，還是他們迷失在時間的森林裡靠謊言恢復記憶？他們虛構越多過去，他們的未來就越顯得顛簸和瘋狂。

文—謝仁昌（電影兼出版工作者）

玉階生白露，夜久侵羅襪。卻下水晶簾，玲瓏望秋月。
——李白

〈玉階怨〉：靈光的詩

人生是無雜的，常常必須以一個故事重現，才能識其哀歡、辨其因果。然而詩不必說故事，它迂迴著，提供一個隱喻，從破碎的場景裡，看穿那些必須刪略的，以及刪略之後更加清澈的。尤其短詩不記載歷史、不編織故事，放開情懷流動和思維變化，只有片段乍現的靈光。沒有人知道階上女子為何深夜不眠，只見她佇立良久，月光下，蒼綠的臺階斑斑點點，夜涼如白玉，露水成為難以抵抗的、時間的傷害，留下透明的痕跡。我們知道她終於放下簾幕，連同她自己，在時間之中晶瑩閃爍、欲言又止。月色玲瓏，原來不只是她凝視黑夜的眼神。

文—狐狸（詩人）

〈寒食帖〉：人間不可得的書法

　　歷代傳世的百千件書法，多數像「施朱則太赤，著粉則太白」的絕色女子一樣，固然珍稀少見，但總還能遇上。只有蘇東坡的〈寒食帖〉，於我是人間不可得的作品。

　　論法度，它起首就顯露了晉唐以來最精華的醇厚恢宏之美；論布局，它錯落有致，節奏引人入勝；論筆法，它幾處中鋒懸針（年、中、葦、紙四字），讓人一再揣想蘇東坡如何在沉緬於極度憂傷的運筆過程中，突然提筆起來寫下那如劍刃般筆意的手勢。再往下看，我們漸漸發現每一個字都像傷心欲絕似的伏倒在那裡，書法的法度和優美的情態不見了，然後我看到濕透的、落著花瓣的「燕支雪」，我看到突然「鬢已白」的詩人，看到「死灰吹不起」的景況，我想哭。

　　〈寒食帖〉若再寫得多一點姿態、多一點法度、多一點美感，那麼它就不那麼感人了。它的感情濃度如此飽滿，正因為它被盛裝在一個損之又損、少到不能再少的形式美之中。

文─林銓居（作家）

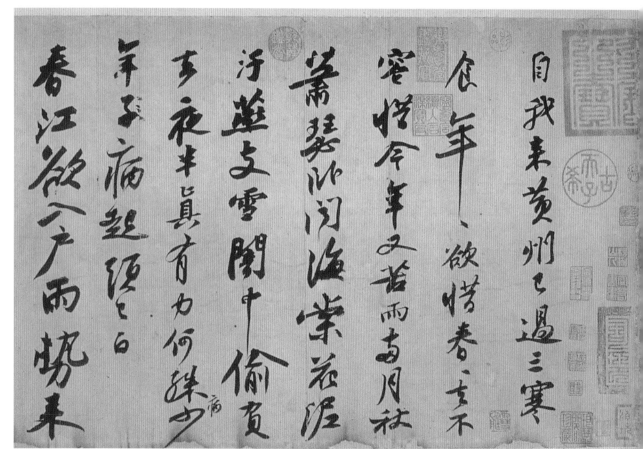

蘇軾〈寒食帖〉（國立故宮博物院藏品）

〈容膝齋圖〉：
恬靜繪畫

古人有「惜墨如金」的說法。可見著墨少且妙者，是構成一張好畫的條件。這個道理說來容易，做起來甚難。因此我看歷代繪畫，不免就會看到一些畫家連篇累贅，在畫面上盡說些重複又沒意思的話。這時若展場有一件倪瓚的作品，便頓時覺得語言簡短、語意綿長，且氣息安靜，無須喧囂。

倪瓚的畫幾乎沒有濃墨。他經常只使用灰色調的墨，筆漸畫漸乾，回頭再重複收拾畫面時，會出現兩、三種色調非常相近的灰色，一潤一乾，一清雅一滄桑，既互相幫襯、又互相抵銷。因此粗看倪瓚的畫是平板的，也缺乏那種藉由水墨渲染所得到的激情，但久而視之，會從他的畫中看見被放逐了的王侯一樣的氣質：即便他獨自一人佇立在僅能容膝的小亭中，但他的靈魂正凝視著天下；細看他的每一方石頭、每一株枯木，你會看見有如小津安二郎的電影般，緩慢的、敘述完整的情調，而且閃動著看盡世態炎涼後的恬靜，以及水銀般的光澤。

文—林銓居

倪瓚〈容膝齋圖〉（國立故宮博物院藏品）

F=mg：深意公式

　　F = mg。這是十七世紀牛頓提出的物體運動定律，形式簡潔，但是蘊含深意。F是「重力」，m是物體的「質量」，而g是「重力加速度」。這個公式所顯示的一個重要現象，就是在一個均勻的重力場中，物體無論質量大小，落下的速度是一樣的。也就是說，當你左手拿著一根羽毛，右手拿著一個榔頭，兩隻手舉到相同高度時同時放手，羽毛和榔頭會同時抵達地面。為何如此？這個公式直截了當地告訴我們，質量（m）越大的物體，所受的重力（F）就越大，但兩者的比值恆定。這個比值，就是地表的重力加速度（g），而物體墜落的速度——也就是物體抵達地面的時間——是由g來決定的，無論物體輕重，g是一樣的。

　　所以，有物理直覺的人，看了這個公式，連實驗都不必作，就可以正確地想像輕重不同的物體在重力場中落下的現象。但在現實生活中，因為有空氣浮力存在，一般人總會認為重的物體掉得快，輕的掉得慢，一直到阿波羅十五號的太空人，親自在月球表面作實驗，讓大家看到在真空中羽毛與榔頭的確同時墜地，許多人才回頭檢視這個簡潔公式，發覺宇宙規律，本就應該如此！

文—孫維新（中央大學天文研究所副教授）

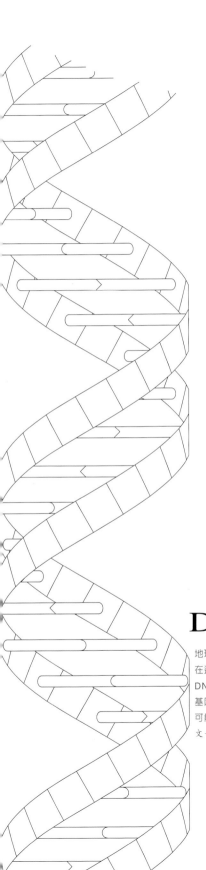

DNA：複雜簡單的生命

地球上的生物超過了一千萬種，而曾經活過的更是以百億計。

在這繽紛多樣的外表下，主宰其遺傳與變異的竟是一股簡單的雙螺旋DNA分子。

DNA由四種核苷酸組成，只靠著它們的排序、突變、與重組，造就出無限的絢麗，這是生命的精華。

基因是一段段的DNA，我們人類大約有三萬個基因，科學家正在探索最少需要多少個基因才能形塑生命，可能兩百個就夠了。

文—李家維（《科學人》總編輯）

Oasis Adam：情迷白 T

　　再想不出任何一種衣物比純棉白T恤更精更簡了。對我來說，純棉白T恤是生理需要加上心理需要。全球處處皆熱，走在外頭動輒流浹背，只有無圖案膠漿白T恤才是最涼快的選擇，加上名牌當道叫人眼花撩亂慾望不止，只有無雜色無logo白T恤才是最無負擔的決定。好的純棉白T恤還應該是價格便宜的，從無印良品到Giordano到Baleno到Uniglo，一件比一件便宜，最精彩是前年（2003）在街角小攤檔買的不知名Oasis Adam（?！）V領白T，港幣十五元一件，貼身舒服簡直是世紀精選！當年一口氣買了四十件備用，也真的把人家的存貨都買光了。三年來已經穿得差不多全部退役，只能在運動時當汗衫，很是懷念。如果還要「少一點」，就是將牌子布片也剪走，完完全全乾淨。

文．圖—歐陽應霽（作家）

「無印」搪瓷良品：少得圓滿的薄碗

　　從來很喜歡碗，各種質地各種輕重各種紋樣，千里迢迢捧著抱著，安全回家放在桌上那一刻，如負重釋，功德圓滿。

　　近年少購物，很多更好的碗都是看過就算了，偶然想念得厲害，只好拿出偷偷拍下的數碼照片看看，也算是一種擁有。唯一破例是去年先後在成都和重慶，買下一疊相同的搪瓷薄碗，豆粉顏色，大小兩個型號，都是一元幾角的貨色，其造型其顏色其功能（碗邊有一小孔方便掛牆！）都是不得了的好，這才是我心中終極的無印良品！

文．圖—歐陽應霽

行僧不苦：原木工藝

　　那年到緬甸旅行，雖然一路奔波勞累，但大山大水是意想不到的漂亮，碰到的城鄉居民都謙遜有禮笑容可掬，用最少的旅費在兩星期內一站一站的走下去，到最後回到首都仰光，竟然還可以有一點餘錢。

　　已經很少在旅行時候買紀念品了，這回在一家木雕工場裡看到一個年輕師傅用心地在為一個木雕行僧作最後的修飾，那種專注那種虔誠，赫然發光發亮。買賣時候跟他言語未能溝通，但我想我用所有表情動作表達了我的所有敬意，而這個未染色的原木雕像就一直放在我的案前，提醒我行旅的必要，而由一塊原木到一個雕型，不也就是「少一點」再「少一點」的過程嗎？ ■

文．圖—歐陽應霽

文—蔡佳珊

一個人的發呆下午

恭喜你今天下午沒事幹,而且沒人吵你。不妨讓發呆的方法多點新鮮,就像螢幕保護程式也可以很炫。

在屋子裡找一個陽光最充分的角落,就算是廚房也沒關係,在地上鋪一張草蓆,躺下來享受日光浴。閉上眼你還是可以看,陽光在眼皮上變幻的紅色光影就像熱情的佛朗明哥。

來點清涼的也不錯。把衣服通通脫掉,光溜溜地四處昂首闊步、隨意漫舞。擁抱你最愛的家具或動植物,用手指以外的肌膚盡情感覺它。

百無聊賴之裸體第二式:站在兩面鏡子中間,仔細端詳自己的身體正反面,任何部位都別忽略。然後開始活動,極盡所能擺出各種誇張表情和姿勢,你會被自己逗樂,而且發現全新自我。

列出最喜歡的歌曲清單,像在KTV那樣一首接一首地哼唱並且錄音,燒成個人專輯後贈送給愛人或好友當作禮物。走音也無所謂,沒伴奏更好,不加修飾的噪音聽來最窩心。

自己在家裡玩變裝,反正又沒人。女生可試穿爸爸的西裝,打上領帶,男生不妨套套媽媽的裙子,畫個口紅。為新造型拍個照留念吧,照片記得藏好。

家中有螞蟻的朋友,先別急著按死牠。試著把眼睛貼近牠們的活動平面,看那抖動的觸鬚與忙亂的六條細腿四處奔忙,可能由此領略自然奧祕與人生哲理。

躺在床上凝望天花板,屏住呼吸,假想自己臨終的那一刻,回顧這一生中的精采片段與待你不薄的人。遺言很快就會浮現,此時立刻爬起來寫下,拷貝一份寄給你的保險顧問。

出門散步是極佳動態發呆模式。安靜小巷可能別有洞天,喧鬧市街也頗有可觀。要緊的是腳步需慢,才看得見牆上探頭朝你咧嘴的貓和水泥牆縫中竄出的日日春,或擦身而過的女郎媚眼以及地上的一百塊錢。

走累了,車站或公園廣場邊的長椅是閒坐好所在。猜猜過往的行人從哪裡來、往哪裡去,從神色打扮推測其身分背景,或可提供創作靈感或鍛鍊偵探實力。記得帶一包麵包屑去餵鴿子或松鼠。

搭一班最慢的普通車,讓思緒隨鐵軌延展,流浪到素不相識的小站,買根枝仔冰任意轉悠。在亭仔腳乘涼的老人一定會好奇盯著你瞧,別忘了頷首微笑。 ■

本文作者為十一月新娘

part 5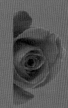

方法

Work Less

熱情應該不只在於工作上，而是對於整個生命的。

機車在寫著「貓空」的路牌處左轉，就開始爬坡，隨著引擎轉速提高，噪音也逐漸增加，衝擊著我尚未適應的耳朵。這是我一年多以來，每天載著女兒上學的例行路段，只不過今天少了兩個輪子，從3000cc的全白轎車，變成150cc的跨騎機車，全霧黑的車身，只有KTR三個小字鑲著暗金色。

駛入山區的路段，一片蔭涼瞬間包圍全身，初秋的熱力和尖峰時段的忙亂，已經遠離。不知是誰家的桂花初綻，提供我們數十公尺的清甜空氣，緊接著是山裡的野薑花香，一路護送我們到國小門口。拿回安全帽時，我問女兒感受如何？做個即時顧客首購滿意度調查，她毫不猶豫的說以後都要坐摩托車，不要汽車。

遇見賣力工作的車行老闆

那天到車行牽新車，我對車行自行裝上的擋泥板，大為不滿，要求拆下來，我向老闆說這塊板上的廣告設計太糟糕，難以忍受。心不甘情不願的車行老闆，拆卸時忍不住回我一句：「都中年人了，這麼愛漂亮做什麼！」這個老闆年約五十多歲，全身僅有的乾淨部位，是他的禿頭。沒有這個年紀常有的圓肚子，表示他是個勤奮工作的人，而早上九點到晚上十一點的

超長營業時間，加上店內五花八門的促銷方案，也看得出他是個成功的老闆，業績必當凌駕於木柵地區眾多車行之上。

老闆告訴我一些黑手工作的辛苦，「還是當上班族比較好呀！」年過半百的他現在不知要算中年或是老翁，一年之中他會看到鄰居開車出外旅遊或出國，難免也會興起不如歸去的感慨，可是他又怕兩、三天不開店，主顧們就有了到其他車行「試用」的機會，令他全年的努力化為他此時在排氣管催動的青煙。於是，他也只敢盼望每年機車廠舉辦的獎勵活動，藉由業績達成獲得五天四夜出國旅遊，已經是他暫別這家車行的唯一希望，如此更不由得他賣力工作。

我有一段生命也曾經像老闆一樣，每天工作超時，幸運的是，我熱愛我從事的行業——廣告業，工作超過二十年之後，我發現這種熱愛工作的幸運，只會發生在極少數人身上。

猶記得第一年進入廣告公司，每天睜開眼就急著去上班，又因為每天早早就到，還幫幾個同事偷打卡。下班後我也不走，到處找人問東問西，請益受教，覺得自己像一塊海綿，吸收著新奇有趣的事物，廣告於我不像工作，而是進入一套龐大的遊戲軟體，每天經手著幾百萬的數字，投入滔滔的行銷洪流。

有一天我們的客戶來電，要我停播電視廣告，他們是當年台灣第三大廣告主、公司最大客戶。過了兩天，又接到客戶電話，問我為何看到他廣告影片中的模特兒還在對他賣電視，聽完後我汗毛直豎，胃裡一陣痙攣——我忘記停播了。當時計算一下兩天所超播的金額，約值市區一棟公寓——也就是我那時候人生最大的願望，以當時的月薪，要不吃不喝十年，才買得到的小窩。如果事情沒有私下解決，我就會像有位銀行女職員，在代客戶買進股票時，因鍵盤多按了一個00鍵，多買超300億元，震動了台灣股市，上了頭條新聞。在公司善後之後，免不了被斬首示眾，而且沒有遣散費。

我之所以能留在迷人的廣告業，還一路高升到總經理，要感謝當年上頭主管陳師兄，出馬私了這件災難，客戶的承辦人員同意在內部文件上，把停播日期挪後兩天，不動聲色又簡單的解決問題。可以購買我人生願望公寓的金額變化，在一個大企業裡，竟然少到引不起別人的注意。於是作廣告的日子，就在這種緊張的節奏下，轉眼流轉而過。

要這樣一直過下去嗎？

有搬家經驗的人，都會在整理打包時，意外地在某個角落發現多年不用的物品。而只有在搬家時，為了減少負擔，這些累贅，才會再一次被大量的清出。我們的腦袋其實也是如此，到處塞滿各種舊習慣與成見，放的越久，越是積非成是，於是幾十年後，我們都成了自己年輕時，最

討厭或嘲笑的那種老人，像一塊頑石，只會裂開，不會改變形狀或顏色。

每隔一段時間我都要自我檢視，問自己現在生活滿意嗎？未來能這樣繼續工作多久？我的一生是不是就只能如此呢？至今我認為這是很好的做法，給我改變的動機。再好吃的料理，天天吃也會厭倦，何況是越吃越多。在廣告公司工作了七年之後，有一天我忽然了解，需要開始為退出廣告工作做準備，那年我三十二歲。

這是距今十五年前的決定，引導出現在的生活方式，當年我並沒有確實想到往後的生活要怎麼過，但是卻清楚的知道：雖然廣告工作是如此有趣，可以結交很多朋友，認識很多名人，生活經歷許多精彩的變化。但是廣告工作畢竟是屬於年輕人的行業，當身處的職位已高處不勝寒時，為了維護自己的職業生命，我怕恐懼將會淹沒一切。

多年後我在英國管理大師韓第（Charles Handy）的書《大象與跳蚤》，看到他討論個人生涯規畫，印証了我原來的想法，也給了我許多啟示，他是四十九歲時開始當一隻自由工作的跳蚤，也過著家庭主夫的多重身分，但是他在書上說：有熱情的人，力拔山河。

對！就是熱情！

我的熱情應該不只在於工作上，而是對於整個生命的，對我來說，同樣的工作做太久，容易失去熱情。太長的工作時間必須裁剪，騰出來留給其他的機會，否則生命中其他的元素，無法滋長。這些重要元素，經過多年沉澱歸納，就是照顧家庭、服務社會、以及個人學習成長等。

人生很短，一下子已經走過中間點，在我未來呼出生命最後一口氣時，我希望沒有遺憾。

在最強壯的時候換跑道

　　為了重建個人的後半生，我有了半退休的規畫。希望工作以外的重要元素得到發展，讓豐富的生活充實我的生命。人生很短，一下子已經走過中間點，在我未來呼出生命最後一口氣時，我希望沒有遺憾。

　　過程中我也常檢視自己的動機，是否只是要逃避工作壓力，或是年屆中年精神衰弱，不堪再做下去，以不同的生涯規畫藉口欺騙自己。我有信心不是如此的，在廣告及整合傳播的戰場上，我具有別人沒有的經歷與能力，我現在可以選擇戰場參戰，而不再是每役必與。

　　從經營事業之中，我很早悟出一個道理：要做經營上的重大改變，只能在公司體質強健的時候去做，因為那時候公司資源多，經得起風險，經營者膽子也大，成功率比較高。當被逼到山窮水盡之時，往往連孤注一擲的能力都沒有，只能等待倒閉。而經營一個人的一生，不也可以如此來看待！我也應該在工作生涯中最強健的階段，才有比較多元的選擇與機會，重新去嘗試不同的人生道路。

　　三十二歲的我，給了自己十年的準備期，具體的方法有兩個：第一個是存錢，有錢才會有膽做出改變，才會接受未來收入可能降低的新工作形態。這裡為何我說是「存錢」而不是「賺更多錢」？

　　賺錢是促使人工作的動機，至少讓我們不會成為別人的負擔，然而「汲汲於賺錢」的念頭是一種過度的貪慾，時時傷害個人的智慧，而使他做錯決定；也容易侵犯別人的權益，被人所排斥。要適當的克制自己的貪慾，才能和別人充分合作。此外，根據個人的能力、興趣，我自行發展了一套獨有的理財方法，平時依據原則，嚴守紀律絕不貪進，幾年下來也是賺多賠少，這對我的十年計畫的實現幫助不少。

　　第二個方法就是把握工作的機會，努力再學習，並擴展與社會的接觸，以此來創造未來的新機會，這使我每天的工作，有了更深的意義。廣告工作的好處之一，就是可以不斷接觸許多不同的行業，並研究市場，創造新商機。長久下來，努力認真的人，都可以藉由每天的工作結果，點滴累積大量的成敗經驗，廣告是一個逼迫個人學習成長的行業。

　　為了開拓不同生活層面，我首先在三十三歲到英國格拉斯哥大學攻讀MBA學位，回來後在大學教書兼課八年，擔任台北市廣告業的理事等等，不同身分、角色都給我不同的學習經驗。工作上我當然必須配合別人的步驟，然而在做人及個人私生活上，我自始就知道要做自己。在工作夥伴甚至客戶前面，我常表白我的生涯願景，為彼此在心理上做準備，讓朋友們了解我的想法，相信因緣成熟之時，他們也會助我一臂之力。

享受另一頓人生的盛宴

　　2003年底，我原任總經理的廣告公司，因為產業結構改變，勢必要解散，再重組新公司（現在的偉太廣告公司）。在卸任舊職之後，長久以來的生涯規畫，就好像等待已久的盛宴，大菜就依著菜單，一道一道的端出來。這個

過程比預期的時間晚了兩年，之所以如此，一是要配合工作夥伴們，等待事情自自然然地發生、成熟。二是意料之外的多了一個女兒，也多了一種身分和責任，老年得女，存錢的目標必須更提高。

工作轉換之後，至今一年十個月，我對外過著自稱的半退休生活，在工作上是偉太廣告公司的執行董事，形砌活動行銷公司的董事長，四個非營利事業的顧問、董事，每週工作最多兩天。我買了人生中第一棟房子，並搬進全新裝修規畫的家，因為待在家裡的時間變長，所以家裡空間要更大、更舒適；學會DVD拍攝與剪輯，可以自行製作光碟，記錄女兒的成長；在貓空的樟湖農園，承租一小塊土地，學著種有機蔬菜，女兒知道了竟然十分煩惱，因為怕以後就更不能不吃青菜；再度參加中斷二十年的賞鳥活動，現在帶活動的指導老師，都是我二十年前徒弟的徒弟，現在他們都比我厲害，但是我寧可還是當個徒弟，心情愉快多了。

跨上相隔近二十年未騎的機車，接著問了幾個很基本的問題，老闆開始有點為我擔心，眼前這兩鬢斑白愛漂亮的中年人，能不能搞定這輛KTR，我略加油門，打上檔，鬆離合器，KTR緩慢的離開車行，加入路上的車潮，雖然是最慢的一輛車，但是我心裡有著一陣興奮，是的，那就是屬於我生命的熱情。■

本文作者為行銷傳播顧問，廣告、活動公司經營者

每個人的個性、能力、資歷、家庭狀況與經濟能力都不同，找出未來最適合自己的生活定位。

用減法，讓加法自然發生

仔細地檢視自己的生活習慣與對未來的期望，誠實地把身心都做一番檢討。小至看電視（最好都不看），用電腦的時間或逛街shopping的次數是否能減少，大至你對未來事業、工作、家庭等等的預期是否合理，有沒有太貪心（期望過高是失敗之因，痛苦之源）。把過多的生活項目減下來，空間產生之後，很奇妙的，新的事物就會自然孕育而生。這個時候要慎選，讓真正符合自己興趣的活動出現在生活裡，不要花大錢（昂貴的活動，會讓自己更難改變現況）。如此慢慢的營造出自己的另一個生活層面。

建立工作之外的社交生活

工作是很重要的社交範疇，是我們主要結交朋友的地方。然而長期下來，交往的人還是在有限度的層面。多花一些時間，參與自己有興趣的幾項學習活動，很容易結交到志同道合的朋友。我有位朋友退休後，被平日一起爬山所結交的山友，請去公司當經營顧問，每週堅持只上班兩天，開創事業第二春。此刻寫著這篇文章的我，不也是正開拓生活的新領域嗎（因為我非作家，也是第一次在此寫文章，做嘗試）？

做自己，建立具有個人特色的生活目標

當你把自己徹底檢視過一遍之後，有時候只要稍做改變，即可產生很大的效果。或許你本來就是適合整天只有工作的人，如果你真的很高興，家人也高興，那也很好，只是你能一輩子這樣做到死嗎？可能你原來工作七天，現在只要有週休二日，就可以把原來黑白的日子變成彩色。每個人的個性、能力、資歷、家庭狀況與經濟能力都不同，找出未來最適合自己的生活定位，考驗著每個人的智慧。看書很有幫助，但是不要幻想成為書中所描述的境界，因為書大都是大人物寫的。要記住農夫在樹下抓兔子的寓言，有時候憑機運成功的故事，不見得能參考（但是每個人一生中，都有幸運的事情會發生，像我的故事也有部分幸運的成分，幸運是不能列入計畫而被期待的）。

設定合理的準備期

如果已經有合理的目標，加上自己現有條件及未來可預期的資源，就可以初步設定準備期。有如此心理準備的人，心中較篤定，在面臨人生事業的選擇時，知道怎麼做決定。如果目標離現狀很遠，需要用很久的時間來達成，那就變成在做退休計畫了，縱使如此，有準備的退休，也比被逼著退休好，往後的生活一定更幸福。要準備的不只是一筆足夠的基金，還要對其他的人有交代，例如：家人、同事、客戶等等，讓他們也能支持你。設定目標後，一步一步的充實自己，並漸漸轉化你的工作內容或角色。

減少慾望，減少花費，做個內外都自在的人

我今年（2005）四十六歲，從來沒有因為要消費某物，而向別人借錢；買房子、買車都是現金交易，沒錢的時候，更是不能花錢；車子是折舊物，房子也是折舊物，不是投資，只有其所持分的小小土地，才算是你的投資。如果你是個購物狂或借貸消費者，閒暇時間一多，反而要花更多錢，這樣的人最終會把生活逼到沒有可能改變的狀態，這些人應該要接受心理治療。有一天和朋友聚會，其中有位新認識的朋友對我說，他不知還要被工作操到何日才得解脫，很羨慕四十五歲就能退休的我。會後離開時，我看到這位先生開著一輛至少三百萬以上的名牌轎車，很風光的離去。人生很公平，魚和熊掌常常只能選一樣，而我們這些能有選擇的，的確是幸福的人。

謹慎理財，保守投資

工作變少了以後，自然收入也會變少，不能再做風險性高的投資，要假設你人生所能擁有最多的存款，就是轉化工作時所有的這些錢。特別對上班族來說，不要買股票當投資，散戶是任人魚肉的目標，通常看過幾篇利多報導，心癢難耐，結果都是出手買在高點，被套牢也不肯認賠賣出，結果越賠越多。理財最大的原則是：不要去投資自己不懂的東西。銀行理財專員的建議是有偏見的，他們本質上是業務人員，急著賣產品給你來達成業績。基金經理人也是每天在報紙雜誌寫文章，就是要你買、買、再買，是不能相信的。除非你還要去參與經營公司，否則不要投資別人的公司，不要把友情和經營事業混為一談，大部分的人到頭來都兩者皆失。千萬別奢望有人會替你賺錢，不管是對理財顧問，基金經理人或是經營公司的兄弟、朋友，保守的投資原則都不能鬆動，因為只要你發生損失，就一切前功盡棄，可能成為中年失業人口，或是年老無依的老人。（何英超）

吃，少一點

Eat Less

文‧圖—Adele

當生活過分精采，靈魂有點迷失，我便決意把累贅逐漸放下。人若與大地疏離，精神便會昏沉。從簡就像把被綑綁的四肢解脫，讓心安頓。我回歸我來的地方，在寧靜和風之間開始墾田種植，為每餐的飲食流下快樂的汗水。快樂，因為我把憂慮藏在泥土裡，讓大地把它消化吸收，然後化為給我享用的好能量。從此，我的飲食也跟著心走，一切從簡。

自然地吃

有六年的時間，我是吃全素的。當飲食能夠均衡，吃全素會令身心處於最潔淨輕鬆的狀態。人很快樂，也不會對複雜的味道有所追求。自己種植食物的人會對食物有一種奇妙的情感。食物從來不是商品，而是天地人的結合。我們的耕種方式是盡量愛惜大地，盡量和自然有同一的步伐，不違反既有定律。收成不是成果，能夠明白大地的聲音，把工作跟它融合，才最重要。只有對大地沒有信心的人，才會吃不飽、穿不暖。食物永遠不能和大地與耕種分割。只有當耕種是我的生活，簡單的飲食才能是力量。為食物付出汗水的人，思想能夠變得單純，身體也會逐漸自我調節，達到健康的中道。

從簡地吃，不一定要吃素，也不代表要少吃。

只是在吃方面，依照最自然的方式進行。吃時令無污染的東西，也盡量吃食物本身的原味。我們家裡的廚房，只有最基本的調味料——海鹽、芝麻油、多年釀造的黃豆醬油、味噌、黑糖、薑。新鮮的食物是不需要用調味來添加味道的。調味料能替我們的食物增加氣質，但主要是用來改變食物的性質。海鹽、醬油和味噌能令身體更呈陽性，避免疾病發生。芝麻油、黑糖和薑也屬溫性，與一般屬寒性的蔬菜烹調，能使食物獲得平衡。以上的調味料每樣都個性十足，味道獨特，在增強食物本身的鮮味和營養之餘，也不會有味精或白砂糖等公式化的味道。利用食物原有的味道，例如無花果乾的濃甜或羅勒的芳香來烹調蔬菜或肉類，甚至可以做到無鹽無糖的飲食。

我沒有特別的烹調技巧，嚴格來說，也不特別懂得烹飪。把蔬菜採摘後立即下油鍋，灑上芝麻油或海鹽快炒，吃到的卻是最美味的一餐。泥土孕育出來的蔬菜含有大地的精華，泥土裡的養分有充足的時間轉化成人體能吸收的營養，我們吃到的清甜，就是所謂的「菜味」。

簡單地吃

簡單地吃，一樣可以飲食均衡，只要你懂得怎樣吃。

食物最自然的狀態就是最有益的，完整的食物（Whole Foods）有大地為我們預備的豐富營養。不再吃全穀物（Whole Grains）是現代化、富裕社會的一大遺憾。全穀物是營養充足的食物，含多種維生素、蛋白質、鐵質和食物纖維。一個長期吃全穀物的人，最少可以預防消化系統的毛病和糖尿病。

在一個幾乎沒有農業的地方，我們曾經自己種植稻米。

當遍野由青轉黃，稻米逐漸飽滿的時候，每天清晨我和另一半便輪更到田裡守米。我兩手拿著自製的、用碎布和絲帶加在樹枝上的簡陋工具，在風中有點狂野地揮著它，請大群飛來的文雀另找吃早飯的地方。一個多月裡，我們就是這樣整天在田裡跟雀鳥打交道，絲帶碎布就在半空手舞足蹈。一直跳，直至跳到遍體鱗傷，動不了。當太陽下山，我站在遠處凝望這片靜止的金黃，心忽然也靜了下來。大地把這些難忘的經歷種在腦海，經歷也隨陽光和水分混在金黃之中。直至它轉化成一口熱騰騰的飯，那種美味與感動，是任何東西也不能取代的。

我相信食物不只是用來填飽肚皮的東西，它甚至不單是營養和卡路里。

食物是一種能量的交流，所以它能令我們快樂，也具有療效。最重要的是，它能傳播人性的善良。在這個即食文化的社會裡，我們選擇慢做、慢食我們的食物。除了盡量種植，我也會盡量自做食物。自做食物最重要的是時間和心情的投放，當我可以暫時把煩囂放下，走進屋外的小廚房，在陽光斜射後已變溫暖的雲石廚桌上，開始把全麥麵粉混水搓成濕潤的麵團，慢慢搓捏成富彈性的麵包，頓時一切也不再重要。我可以把感受到的舒泰加在麵包裡，分送給人。因為時間投放較多，所以自製麵包是做麵包者和吃麵包者的一種親密交流，是超越味覺上的得著。自家食物的另一好處，當然便是可以只用天然新鮮的材料，避免防腐劑或白砂糖等精煉食物。除了麵包，我們也會做不同口味的豆漿、豆花、豆腐。做杏仁奶後的杏仁渣，會用來做糕點。夏天汗水多，主要飲料是消渴的黑豆木耳水，入秋冬則多煲香茅茶來驅風。收新會柑的季節，把柑皮生曬，就會是日後的陳年果皮。加點肉桂和薑，柑肉可做美味暖胃飲料。自家種植的菇，有隨了吃新鮮的，也有會曬來做燉湯用的；新鮮的香草也可曬乾來藥用和方便保存。盡量把食物多用途使用，甚至再循環成為泥土的營養，最簡單的會變得最充裕。因為地球不會被剝削，我們因此又能活得更好。

慢慢地吃

願意花時間去做食物，也得願意花時間去吃。慢食是我們生活上的重要部分。除了慢慢去欣賞和咀嚼食物，慢食是分享食物能量的時間。與朋友分享慢做的食物是最快樂的時刻。我愛邀請朋友到家裡吃飯，也愛替他們做食物。了解他們當日的狀況、替他們烹調，讓他們感受自然食物的能量。看著朋友們微笑地離去，我知道他們已經接收到食物應有的力量和我對他們的祝福。朋友們嚐到的並

感謝大地給予的食物，遠遠比過分執著去吃甚麼或不吃甚麼重要。

非我的烹調技巧，而是大地本身的治療力量。

　　如果能同時尊重自己的身體和心靈，我們便會懂得吃的最高境界。要獲得平衡，人不能只為身體而吃也不能只聽從腦袋去吃。若能把身心平衡，我們會懂得身體的細微需要，而均勻地去吃。身體是心靈的支柱，吃得恰當，靈性才能有機會被滋養。修煉高深的人，大概就是擁有能放下一切的智慧，連自己的智慧也能放開放下。現在，我學習聽從心來吃，飲食不再有知識上的規限，只聽從當下的需要，無需把自己困在自設的牆壁內。當身心平衡合一的時候，大部分的時間，我們只會選擇身體真正所需的食物和分量，你會發覺不再需要加工或精煉的垃圾食物，也會懂得何時吃素，何時吃肉；何時吃鹹，何時吃甜。感謝大地給予的食物，遠遠比過分執著去吃甚麼或不吃甚麼重要。尊重自己的背景與傳統飲食，可惜這種養生道理現代人已不再重視。

　　吃不再有錯或對，一切也是步向平衡的過渡，歡喜地接受與試驗吧。

負責任地吃

　　我們可能比別人吃得少一點，只因我們希望吃得負責任一點。對地球負責一點，對自己也負責任一點。我們未必會花大量金錢在外頭吃飯或購買現成的食物，可是，若我們的生活和飲食方式，能夠保持居住環境有清潔的水源，健康的泥土，我們擁有的卻是生態上的富足。生態的保育可以讓我們和後代繼續自己種植有益的食物，步向自給自足的目標。減低消費和減少倚賴外來資源也是為反對全球化出力，而堅持在主流社會裡找自己的路，默默活出信念，或許，是改變世界的唯一出路。

　　只有當我們能夠對食物在意一點，生產食物的人才能為我們生產真正滋養人的食物，而並非只是大眾口味上喜好的食物。而只有當真正的食物成為主流食物，它才不會成為金額高昂的商品。吃少一點，是盼望人類能不再吃食物的價格，而是吃食物本身。因為怎樣去吃是延續這個地球與人類的基本，只是這個祕密，始終仍然被忽略。　■

本文作者為耕種者

*註：這兩年裡，因為要帶兩歲大兒子的關係，我們搬離了以往一直生產蔬菜的農場。在一個新的地方，進行一些新的嘗試。我們租下五個大魚塘，在塘邊已種滿果苗，盼望日後能四季也有自己的有機水果。這裡的土地不是用來種植的，經過數季的嘗試也不太成功，但今年秋冬我們仍然雄心勃勃下了菜種，讓泥土繼續適應，也繼續為我家的飲食而努力。巨大的魚塘，最終希望用來種植水生植物和食物，如蓮花、蓮子、西洋菜、稻米等。這個夢想，還需時日來醞釀。現在每逢這個候鳥回歸的季節，魚塘仍是我們吃早飯時觀鳥的地方，這也是一件賞心樂事。

其次，我們從中國大陸引入了一些有機糙米和乾豆供應給找不到這些食物的人。最近也開始大量種植一種學名為金頂側耳的美味有機鮮菇，是小兒子近期飲食上的最愛。有興趣多了解我們理念的朋友，可到網站www.foodpath.hk./top.htm看看。

曾經我很愛鑽研不同的食物理論，因為我深信食物的治療力量。

可是，越認識不同的理論，令我越肯定一個事實：沒有任何飲食理論是完全貼合一個人的。而若飲食最終只濃縮成一個方程式，確實是一件很糟糕與可憐的事情。

飲食牽連的事情實在太廣泛：不同的出生背景，一個人不同時期的體質，生活指數，工作與居住環境，情緒與性格，甚至宗教信仰等，也能影響食物在你身體的作用。飲食理論的力量在於先了解自己，然後吸納各個理論適合自己的地方。

不要忘記，吃是一項快樂的事情，不要讓一些書本裡的知識令它變得沉重沒趣。

以下一些飲食理論對吃少一點和負責任一點有密切的關連，可供參考。

長壽飲食法實踐（Macrobiotics），是一個源自日本，但在美國發揚光大的飲食理論。它的中心思想是靠人體內的陰陽平衡來獲得健康。它的陰陽理論跟中醫學上的陰陽有點分別：陽，是所有收縮、凝聚、有生命力的動力；陰，是一切擴散、分解和衰老的動力。一個水分少的硬根部植物，比一個多水分的甜水果較具陽性，因為甜味會令身體變酸，有分化作用，會令身體不健康。Macrobiotics裡主要的食物治療是糙米，因為它有令人體最健康的陰陽比例，長期食用能預防很多疾病，甚至能改善癌症。除糙米外，其他全穀物如小米（millet）、藜麥（quinoa）、全小麥（whole wheat）、大麥（barley）等也是飲食上的主要食量。Macrobiotics沒有重視的，倒是煮全穀物前必須用水浸泡最少四小時的重要性。因為浸泡這過程可以避免吃全穀物後，身體不會因此流失鐵質、鈣質等養分。為了令身體保持陽性，一些陰性的食物也最好減少或戒掉，例如：

1. 白砂糖或一切甜的食品和飲品。替代品有**蘋果汁，甜的蔬菜如南瓜，糙米糖（brown rice syrup）**等。
2. 水果，若一定要吃，就選擇**蘋果**。
3. 冰飲料。其實需要減低所有飲料，每天上廁所的次數不應超過三次。陽性飲料有日本番茶（粗茶）、梅子醬油茶等。
4. 奶類食品和肉類，如要選擇，**魚會比乳劑品好**。
5. 最陰性的三種蔬菜：蕃茄、茄子、馬鈴薯。
6. 煮食要少油，用芝麻油。
7. 只用陽性的調味如**海鹽、大豆醬油和味噌**。
8. **不吃生吃。**

除了Macrobiotics，也是源自日本的自然農法（Natural Farming）主張一個自然搜索食物的飲食方式（foraging）。吃所有大地為人類預備的食物，採摘所有合時的蔬菜、水果、野菜。吃時令的全穀物，到河裡捕捉吃的魚。自然農法不會過分在意甚麼人適合吃甚麼食物，因為它相信如果人類能依照四季去吃，一切最終也會找到平衡。這種飲食方式不會讓人過量地吃，因為在一個健康的自然環境裡，不會有過量的生產，一切也是隨大地的節奏而進行。可惜，這種飲食方式對都市人而言，不免有點困難，甚至奢侈。（Adele）

Be RICH

摩根富林明

反虛華之必要

過度消費　無理舉債　混亂與盲從…卸下虛華　你剩下什麼？

Be R.I.C.H.之必要

R. 閱讀增強知識力　　**I.** 投資提昇財富力

C. 工作培養競爭力　　**H.** 健康練成好體力

想獲得 **Be R.I.C.H.** 投資理財建議嗎?請撥 **0800-045-333**，或至 JF 投資理財網 **www.jfrich.com.tw**

讓摩根富林明為您儲存豐富未來！

消費，少一點

Spend Less

文—劉汶翰

二十歲那年，我獲得了人生第一張信用卡；二十二歲的時候，我變成了一個負債一百三十萬，而且由於「以卡養卡、以債還債」，成了一個擁有一百五十張信用卡的「卡王」。經過三年開源節流

　　我認為卡片跟負債不能畫上等號。卡片是一個催生負債的工具，但並不是你擁有卡片就代表負債。雖然我曾經也是因為這樣而有負債，可是還完負債之後，它們還是有功能和價值。其實我現在的消費並不會輸給當學生的時候，只是現在學會節制、聰明、智慧的消費。

債務纏身的因果

　　當我還是學生打工、二十到二十二歲這段時間，那時候剛好是call機逐漸被淘汰、大家開始換手機的時代。手機大部分都是很大隻的，也有小隻的、越小隻越貴，即使是辦門號也要一兩萬塊。看大家都在用，我也要用，買不起就刷卡。最誇張的一次是兩萬吧！沒有事先考慮，就買了一支手機給女朋友，覺得她會很高興。大家都知道電腦產品、液晶電視這種東西只要忍耐個半年、一年就會有更好的出來、價格也會降低。但通常年輕人都不會忍耐，只要別人說一句：「你怎麼還在用這種？」他就會改變。信用卡這麼多，這麼容易就能讓你產生消費的慾望。想要買什麼刷卡就好了，

卡的額度一定是超過薪水的好幾倍。現在的負債也很多，全台灣信用卡跟現金卡欠下的債務有八千多億，我在五年前欠一百三十萬時只有一千億。

　　我在最低潮的時候去當兵，負百萬債務、女朋友兵變分手，人性就顯露出來了。有能力的人很多，但是沒有協助我。有少部分的朋友、親人願意幫忙，雖然只有幾千塊或幾萬塊，但能讓我繳最低額度活下去，真的是雪中送炭。我也曾經有過很負面的想法，宣布破產或是結束生命，可是不行，我有家人啊！我還是選擇了光明、好的那一面。為了還債就要節省開支，所有市場上最便宜的，只要我知道我就會去選擇，可以達到同樣的目的或是效果，可是付出的價格比較低。

　　負債時期唯一沒有節制的，是閱讀。在我很辛苦的時候，閱讀提高了我心靈的品質，以及我未來的計畫，這方面是我完全不想少一點，靠著這樣的方式走出我人生的過渡時期。像曹啟泰寫了《一堂一億六千萬的課》，他也走過

的大學畢業生，

節流的艱苦歲月，終於還清了所有債務。就由我這個過來人來談談什麼叫做聰明消費。

來跟大家分享，是一個很好的見證。我覺得他很優秀，他寫的三本書我都有買，他出第二本書的時候有辦簽書會，我拿給他簽，跟他說：「我也欠很多錢，我有一天也會跟你一樣跟大家這樣分享、見證。」今年的我真的做到了。

過來人的叮嚀

物質層面帶來的滿足，它的效果很短暫，這是我的體會。也不是不需要，只是經過了時間的沉澱之後，心靈的部分才是比較永遠的。如果消費沒有規畫，當帳單來了就不能balance，沒有辦法去承擔後果。我是沒有買過名牌，寧願把錢捐給公益團體，我也不會捐給品牌。如果因此而負債、過度消費造成家庭、社會問題的話，那就很不智。不只是單純買昂貴的東西而已，買東西大家都會，錢帶著就可以了，但卻沒有學習到東西。

我負債主要是因為卡用得比較頻繁，幾千幾百塊的累積。這樣的消費累積，就是完全沒有少一點的觀念，這樣的累積就完全讓我受不了，更何況其他買更貴東西的人？我周圍的人最不好的想法就是想要買車。買車不是不好，但我認為買車是最奢侈的一樣事情，買車子要花上好幾十萬甚至上百萬的，每年要養車、在台灣停車又很不方便。不便利性遠大於買車拉風、想要載朋友出去玩、心情爽。可是你又不是每天出去玩，買了車整個經濟就要奉獻給車

子。大眾運輸系統是不是可以輔助你、摩托車是不是可以做為短暫的替代工具？等到未來休閒的時間多了一點，資產大了一點的時候再去做這個考量。

生活品質的好壞跟消費的水準沒有絕對的關係、但有相對的關係。每個人的經濟能力有好有壞，如果要和朋友去餐廳吃飯，明明沒錢又不想掃興，自己要先認知在什麼情況之下做最好的考量。之前負債一百多萬時，我都會說家裡有事情、或是有公務的事情沒處理好，沒辦法去。現在消費比較有規畫，不是像以前想買就買。不要只存了一萬就把這一萬都花掉，可能存了三萬、五萬之後，再花一萬去買個東西。我認為，消費少一點要拿來跟生活品質作比較才公平合理。如果我們可以將付出的價格減少一點，生活品質提高一點，這才是最完美的。消費少一點的定義其實是，少一點浪費、少一點多餘。

我知道錢不是萬能的，可是沒有錢萬萬不能。因為當我沒有錢的時候嘗過這種苦，現在也不是很有錢，但至少我有基本的資產。金錢上我是很有企圖心和抱負，有錢是要做更大的事情、更多的宏願、幫助更多需要幫助的人（比如可以成立基金會，有個team把我想要的事情請他們去完成）。好的、有價值的事情要放大，慾望要縮小。志願要放大一點，這樣即使沒達到，有做到一半也很好，三分之一也很好。　■

如果一個月賺三萬，卻要過五萬的生活：

等待是值得的。週年慶或大拍賣的時候一樣可以買到同樣的東西，可是價格就降低很多。如果這麼短的時間都等不了，這樣未來的生活跟管理會很不好。消費有急迫性和不急迫性。比如你已經有一台液晶螢幕，如果只是15吋或17吋的問題，那就沒有必要非要更好的。這個時候內心消費的慾望就必須少一點，思考多一點，研判也要多一點，整體考量後才下這個決定。

今年（2005）我買了一台notebook四萬塊，之前毫無急迫性，因為我有桌上型的電腦。但是因為要寫書，所以需要一台notebook，不管我人在哪裡，只要有靈感就必須馬上工作。那時候就積極尋求所有跟notebook相關的知識，不斷地找適當的朋友做了解，先詢問市場的情形，口碑如何。決定品牌後，再到各大賣場去了解市場價位，詢問刷卡是否可以分期、是否有其他的配備和保固期限、售後服務要怎樣才方便。比較了價格跟價值之後，再和朋友分享一下，最後，就找一個價錢不一定最低，但感覺服務不錯的商家測試電腦。測試完就付款，這個交易就完成了。在這樣的流程當中你一定會學習到。我不只買了一個產品，還學到了其他的附加價值。學習的價值是最高的，但這是看不見的，你要付出的代價就是時間。

買日常生活物品的話，我習慣在批發商、賣場購物，東西一次購足，一定比去7-11一般的零售店便宜。去賣場很難找不到你要的東西，也許你不喜歡，但至少它都會有，且會有基本的折扣在。

財富的法則，收入減支出就等於你的資產：

如果收入大於你的支出，就會有正資產。你要先了解自己的收入，支出的話每個人的品項會不一樣，但是你一定知道自己每個月要花費的項目。當你了解之後，收入就是開源，支出就是節流。支出要少一點，這樣資產也會多一點。

每個人的狀況都不一樣，我的建議是至少20%當作存款，如果有錢一點的話就50%，還是要維持生活品質。也是可以存80%或90%，那這樣就全部都是伸手牌、都用家裡，沒有意義。20%是基本，50%是極限。太多的話就會影響你的生活品質和你的人格，除非是賺十幾萬的那就不一樣了。能留一半就表示，你品質維持得真的很好，能存的錢又多，表示你是一個很聰明、有智慧的消費者或生活家才能這樣。

開源跟節流是一樣的，開源是要越多，節流就是支出要減少。先了解自己的狀況，知道自己哪些花費可以省。生活的資訊面很重要，手機的費率改一下、帳單調整一下、生活結構調整一下，就可以減少支出了。（劉汶翰）

摩根富林明
基 金 理 財 · 怡 然 致 富

平衡
信賴
摩根富林明

退休後，每天只有250元*？
拒絕慘白退休生活，現在就投資你的未來！

根據估算，月薪五萬選擇新制，退休後每天只有250元生活費*，你的未來得靠自己。
摩根富林明全系列平衡基金，台灣、亞洲到全球，追求每年穩定報酬，搶救你的退休生活!

JF平衡基金　JF亞太高息平衡基金　摩根富林明全球平衡基金

*根據勞委會網站試算結果，假設工作年資30年、通膨、薪資年成長率皆為3%，退休金投資年報酬率粗估2%。

摩根富林明信　服務專線0800-045-333　JF投資理財網www.jfrich.com.tw

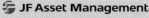

JF Asset Management
Part of JPMorgan Asset Management

理財的智慧──專訪理財專家石恬華

　　「虛華」和「奢華」的差別，關鍵在於自己有沒有能力。有能力的人，生活奢華並不為過，如果沒有能力，卻又想追求奢華，就會變成虛華；即使自己不是很有能力，也不傾向奢華，但是若「過度消費」，就也會變成「虛華」。這是一個相對的概念。所以，我們不反名牌、反流行、反時尚，而是講求相對於自己的能力，做適度消費。

　　能力就是能夠支撐消費的程度。當慾望很多的時候，就要衡量自己有多少資產能夠支撐。簡單來說，就是有多少錢，可以有多少自由。兩者的平衡，消極來說，是克制慾望，減少消費；積極來看，是增加自己未來的消費能力，同時也提高自己的人生資產，人生資產就可以分成「RICH」四大部分：心靈上的資產──閱讀（Reading）、實質資產──投資（Investment）、職場上的競爭力──職業（Career）、最大的資產──健康（Health）。

　　所以，要節制慾望，要Be RICH，可以分成三個步驟，第一是規律（discipline），規定自己多久要讀一本書，增加自己工作上所需的技能；飲食要符合健康原則；收入中有一定的比例要做儲存，而不是隨意花用。第二是讓規律變成習慣，會自動自發的去進行。第三步驟，就是培養出興趣，把錢用在對自己有意義的事情上，增加心靈成長的讀書，或者追求健康，都有不需要花費的方式來進行，只是這些都需要養成習慣。生活在現代社會就必須要有更強的意志力與毅力，去追求自己想要的人生。

　　當然，消費還是必須的，只是，消費之前應該有所規畫。清楚了解自己一個月賺多少錢、現金流入的方式與時間，什麼時候應該做分配。往往很多人的問題是不知道錢花到哪裡去了，所以，一定要養成記帳的習慣，就會知道自己不經意的錢花在什麼地方了。

　　記帳是先了解自己的花費狀況，更重要的是，養成事先分配自己資產的習慣，不是「賺錢－消費」之後再來存款，而是「賺錢－存款」之後再來消費。所以，在資產分配上，可以分成三部分。第一，要有保險，因為在這個世紀中，常會有些莫名奇妙的病產生，需要有足夠的醫療費用，所以，年輕時就要開始買一個保障，否則等到年紀大的時候，成本就會越來越高。第二，就是日常花費，要先有基本的保障，一般說來是銀行的存款必須足夠六個月基本開支的額度，因為有時候很難預估自己什麼時候會突然需要一筆錢。第三個部分，就是投資。

　　先把要投資、存款的部分用某種方式留在一個地方，就不會花的毫無節制。在日常生活中，先進行紙上作業，算出自己大概有多少錢可以拿來做定期定額的扣款，假設一個月扣除日常花費、保險費用之後，大約只有八千元可以

做扣款，那就把實際的扣款目標提高為一萬塊，定了這個目標之後，每個月就先自動扣款，那麼扣掉之後剩餘的部分即使全部花光也無所謂。

扣款的部分可以用於投資。關於投資，有兩種方式，有一定程度的資產，就要有投資組合的概念，不把所有錢都押到風險高的項目。首先要做幣別的分散，不會因為單一幣別的強弱而完全影響了自己的資產。再來是股票、債券的分散，股票比較即期，債券比較穩定，現在有很多種型態，端賴於對投資知識的了解。對投資很有興趣的話，就可以做多樣投資工具的分析，如果沒有太大興趣，就投資共同基金，不需要搞得太複雜，可以搜集過去的一些資訊，例如績效短中長期都在前四分之一的項目，就可以算是不錯的標的，股票就選擇幾個大的區域，例如美國、歐洲、日本，做一些配置。

石恬華：
現就讀芝加哥大學EMBA、台灣大學財務金融系畢業，現為摩根富林明投信行銷企畫部副總經理。

如果資產還沒有到一定程度，就不需要做投資組合，分太散沒有意義，可以購買全球股票型基金或者全球平衡型基金，一檔基金可能就做了一些分散。如果資產更少，每個月還要做六個月的流動資金準備，幾乎沒有什麼閒錢可以投資的話，就做定期定額的投資。如果是可以忍受高風險的人，就可以選高波動型的，如果不能忍受波動，就做平衡型或全球型基金。道理都一樣，就是看有多少錢，依收入型態來做最有效的應用。

有興趣的人，現在很容易找到各種資訊。投資風險高的，需花更多時間去觀察市場脈動、搜集情報。如果沒有時間，就投資全球型的股票，或是平衡基金，平衡就是股債平衡，維護成本也不會很高。現在網路上功能齊備而且非常friendly，使用容易。如果要完全都不花力氣比較難，因為那是自己的錢，自己還是要付一點力氣，可以從最簡單的產品著手：組合基金、平衡基金、全球股票基金，這三種最簡單。若熟悉網路的話，網路上有各種詳盡的訊息，包括新手上路，開戶流程也很容易，可以做到自己設定扣款額度跟時間，也可以設定獲利警示，自動收到很多服務跟訊息。

但基本上，還是要參與自己的投資。理財與人生一樣，是一條很長的路，用正面積極的態度來參與，自然能夠享受其中的樂趣。

性，少一點

Sex Less

文｜饕客

這件事情講起來太私密了。

你要我講講我的性的生活是怎麼豐富起來的，這當然和網路的發達有關。可是嘛，真正說起一個發源，一個起頭，倒是八年前的事，那個時候我還不懂得怎麼使用網路。所以我才是真正從「實體世界」轉進到「虛擬世界」的。

那我來說說，那個「實體世界」的啓發是怎麼出來的。

當時我在一個大企業裡工作。行業就不講了。我們那個部門屬於一個事業中心，我是部門裡的一個小幹部。你知道，大企業裡最累的，倒不是什麼工作，而是那些人事。你要應付各種主管，有些根本就莫名其妙。有的IQ很高，EQ很差；有的EQ很好，但是IQ簡直就是零蛋。所以像我們這種小幹部，最怕的就是跟一些高層主管開會。大部分時間，你簡直不知道自己在聽些什麼。很多人發言，講得頭頭是道，可是你越記筆記，越不知道記了些什麼。因此，

在我們那個事業體裡，我就覺得一位女副總很不錯。和她開過幾次會，她每次發言不多，講得總是在重點上，比那個老總好多了，所以也可能因此一直有點吃癟。

她年紀大我七歲，相貌和身材都有點瘦削，聽說未婚，是天蠍座。反正很像那種事業女強人的打扮就對了。對這樣近乎「層峰」級的主管，我本來是八竿子打不到的。可是從有一次她主持一個專案，我也成為其中一員，經常有機會見面開會後，事情發生了。

那一天，大家開會開得特別長，專案正在進行最忙最累的階段。副總倒是一向那種慢條斯理地，聽大家發言討論的時間比較多。我和她隔著四五個位置，看她在記一些事情。然後，突然她側過頭來，看了我一眼，很整齊的齊肩的頭髮半垂了下來，她又掠了回去，然後又回頭去記她的筆記。

我們眼神交會了不到一秒，頂多零點八秒。她臉上沒有微笑，沒有任何表情。但是我怦然心動了一下。你有沒有注意過，不是看著對方講話，我們視線掃過別人臉上的時

候，尤其是異性，不會超過零點五秒。超過一秒，肯定有事。但是我們副總看我那一眼，我很肯定地説，是零點八秒。不到一秒，但是又肯定比零點五秒長。這到底是怎麼回事呢？為什麼多出那零點三秒呢？到底是什麼含意呢？為什麼那個時候正好頭髮垂了下來呢？是什麼使我突然怦然一下呢？還是什麼都沒有，純粹是湊巧呢？那天接下來的會議，我什麼都不記得，一直只是在心裡揣摩。我不敢再偷看她。她也再沒有多看我一眼。就是湊巧吧。我想。

多出的零點三秒

過了一個星期左右，又有一天我們會開得晚了點。那天晚上小組其他成員都另有約會，就提前離去。後來我們副總看看我説：「你沒有事的話，我請你吃晚飯吧。」我一下子踏實了，確信了那多出的零點三秒不是沒有意義。那天晚飯後，我還送了她回家。那些就不多説了。

我要説的是，我們副總真的是我在男女這件事情上的啓蒙恩師。不是説別的，而是説零點三秒這件事。她讓我體會到，男女之間要發生一些事情，主要關鍵就在那零點三秒的時間。有了那零點三秒，所有後面的事情

都會發生；沒有，就什麼都沒有。我一下子開竅了。你要追女朋友還不簡單，只要你能讓你們的接觸，不管是眼神也好，還是手也好，就是要比一般不經意的零點五點秒多出那零點三秒。這就是放電吧。千萬別直勾勾地盯著一個人看，那不叫放電，那叫騷擾。

我領悟到這零點三秒的奧秘後，在實體世界裡應用得不多，因為接著我開始染上網路熱。我也發現，在網路世界裡用這零點三秒，威力才真正夠大。因為在實體世界裡，你總還是會擔心多用了那零點三秒，而對方又沒有回應，萬一人家又懂得這零點三秒的意思，有點尷尬。但是在聊天室裡，在後來熱門的ICQ、MSN上，情況就不一樣了。有些人覺得因為是網路世界，別人不知道你是誰，所以就可以一見面就把實體世界裡不敢做的表達都表達出來。我不同意這種做法。我覺得網路世界還是要像實體世界一樣去對待，人與人接觸，還是要有些禮貌和規矩。所以，這零點三秒的接觸，對我來講才是最好的工具。透過typing，你可以發現那零點三秒的額外接觸，可以運用得多麼淋漓盡致。又有實體世界的作用，又可以天馬行空，巧妙無比。梅爾・吉伯遜有一部電影描述他突然具備了能讀懂女人心意的能力，我覺得自己就是那個角色。

怎麼運用？那要等我哪一天出書吧。總之，我真的成了網路世界的一個情聖。想要女人，想要上床，真正是任何時間都可以找到的。不誇張的。這些經歷，也不必多談。你要聽的話，我只講一段我自己都覺得印象深刻的。

網到一個家庭主婦

那一次是我週旋最久的一次。那個女人顯然也是零點三秒的高手，我們所有的交往都點到為止，但又纏綿無比。很多人說網路是表現激情的好地方，那是因為沒體會過在網路上慢火細燉。我們慢慢熬起來，她雖然在網路上終於放開了自己，但是仍然一直不肯出來見我。我費了好長時間，最後才說服她答應出來一次。那是個星期天早上，下著細雨，我在約好的賓館房間等她，結果來了一位身著雨衣雨帽，提著菜籃顯然剛買完菜的女人。她年紀並不大，樣貌也很好，只是那個模樣出現，衝擊相當大。網路世界就是這樣，在實體世界裡你要放電，用那零點三秒的法寶，怎麼用也用不到這樣一位家庭主婦身上。

我後來開始收斂，和我現在的女朋友有關。我這個女朋友和我倒是一見就對眼，根本不需要什麼零點三秒

的探測。開始交往之後，我雖然有了正餐，但是其他甜點、零嘴也沒少，反正網路上沒事就可以找到。有一天我和一位「甜點」去看電影。電影開場後不久，我突然看到有人打開邊門，探身往裡看。就著外面走道上的燈光，我一看，這不是剛才和我分開，說是要去加班的女朋友嗎？我差一點沒沉坐到椅子底下。她怎麼跑到這裡來了？是跟蹤嗎？接下來她要做什麼？可是接下來她收回身，關上門，就此沒再進來。你就不知道我那一場電影看得有多麼難受了。我根本就不是在看電影，一直盯著門口。又不敢出去。散場時，我更冒了個險，決定提前借詞上洗手間溜出去，走後門跑了。

那天晚上我女朋友要我去接她的時候，真是七上八下。我編了十來個到時回答的理由，可是她什麼也沒問我，好像她根本沒去電影院門口似的。我想她這一定是要我不打自招，但我想何必？妳不問，我也不說。看看誰先開口。這樣一天兩天，竟然一個星期兩個星期過去，她就是沒有問。我是從那個時候，才開始真正觀察起，注意起我的女朋友。觀察她到底是個什麼樣的人，這麼沉得住氣。這才發現我們雖然也交往了半年多，其實我根本沒仔細了解過她，或者說想了解過她。而我越看她，越從旁仔細分析她，越覺得她真是個很有吸引力

的女人。這些也不必說吧，太肉麻了。

總之，事情過去了一年多，她到現在還是沒問，我也還是沒提。在心底，我乾脆就把那一天當成看花了眼，根本是另一個人在電影院門口。可是最大的改變是，先前是我擔心「數罪並罰」，所以克制自己偷吃「點心」，後來因為一路注意我的女朋友，所以越來越自然地不想去偷吃了。反正偷吃也吃多了，何必要整天提心吊膽這麼下去。因此這一年多來，是我各種女性伙伴

最少的一年。我也真正體會到女「性」少一點的好處與自在。

在這一方面，我也講不出什麼「少一點」的祕訣。如果有，應該說是不要隨便多那一點吧，儘管那一點只有零點三秒。

那位副總？沒有，只那一次。我跟她學了零點三秒這一招也就足夠了。

本文作者為創意工作者

佛經，少一點

文—靜心

Sutra Less

我是從大約二十年前開始接觸一些佛法。

最早，記得是一個朋友送了我一本小小的〈大悲咒〉，書的封面上就印著一位手持淨瓶的觀世音菩薩。那算是我第一本佛教書籍，也是我在佛法的啓蒙書。在一個因緣之下，唸〈大悲咒〉有很大的感應，所以又勾起我再接觸其他佛經的興趣。這樣隨後我又讀了一些其他的佛經。

有一陣子，我幾乎各種經都收集，不論是去寺廟的功德處，還是去書店買，雖然有一些經也很用心地讀過，但是大部分只是買了放在家裡，就像買其他書又沒看是一樣的心理。因為想到佛經本來就是渡人，那些佛經放著，因緣到了翻開有個一句兩句受用，也就有意義，所以也沒覺得家裡收了那麼多經又擺著沒看有什麼罪過。

接觸了佛經，有興趣之後，不可避免地也想認識一些高僧大德，所以我也去參訪過一些大師，最後皈依了一位禪宗的師父，和一位密宗的師父。皈依之後，密宗師父那裡，是我慚愧，雖然師父對我開示與護持都很大，但因為自己生性懶散，沒有心力每天那麼用功修練密法，所以很自然地就沒經常參加法會，後來自然和師父就疏遠了。禪宗師父那裡，開始的時候，我十分起勁地經常往寺廟裡跑，盡量抓住每一個和師父親近的機會，師父也都給了我很好的啓發。可是沒多久，我倒是刻意沒那麼積極地去接近了。

一個原因是師父吸引來的人越來越多，名氣越來越大，去寺裡的時間大部分都要花在人擠人，如何尋找和師父親近的機會，而不

像早日那樣，可以進去就和他請教。還有一個原因是我自己也有了一些心得，所以想到那句話「師父領進門，修行在個人」，同時也以「迷時師渡，悟時自渡」自勉，因此覺得那就把親近師父的機會讓給別人好了。這麼一來，算起來我已經有十幾年沒去見我的師父了。

「黑戶」佛教徒

再加上一些其他的原因，我自己就越來越不想讓別人知道我是個佛門弟子。這十多年來，不論是我自己的師承和其他的佛門宗派，在台灣都越來越香火鼎盛。電視上佛教的節目很多，「感恩」聲不絕於耳，穿著像學校制服，行為像是慈善機構的許多佛教人士，也都在身邊隨處可見。可是我總覺得學佛要這樣「慈善化」、「同學會化」、「大建寺廟化」、「上師化」，好像少了什麼。我自己也講不出一定少了什麼，但又不想讓自己被別人拿來當成那些追隨「制服化」、「上師化」的佛教徒，所以我就乾脆躲起來，讓自己成一個「黑戶」佛教徒算了。

我這個「黑戶」佛教徒的生活裡，除了買買佛經之外，偶爾也收集一點佛畫和一點小飾品。但沒有狂熱。只是看到一些手工很精緻的，就隨手收起來。所以我家

裡一直也沒有多大、多講究的佛堂，只是有一個小小的，兩坪大小的房間，有一幅主要的佛像和供桌，然後就是收集的這些佛經等等。總想等將來有一棟大一些的房子的時候，再看如何布置。

再加上，我既然相信佛法是心法，是一個人自修自證的過程，後來這兩三年來，我甚至也就沒那麼定時地進佛堂坐一坐了。總想對境練心，不離佛法。偶爾只在感到需要的時候，才進佛堂燃一炷香，靜坐一會兒。

最近有個機緣，卻突然想到這個樣子似乎有點問題，倒不是說這種修行方法，而是這種對待佛堂的方法。

不論大小，家裡既然設了佛堂，就是一個供佛的地方。供了佛，卻又把各種經書、佛畫等等堆放在那裡，有點講不過去。這麼一想，再回頭看看那個小佛堂，天啊，這哪是一個佛堂，根本就成了一個儲物間嘛（雖然都是和佛菩薩有關的東西）。雖然我沒有多熱情地收集，近二十年來，各種佛經還是收了不少，有的擺得整齊，有的就堆放，其他的東西就更不必說了。所以我決定開始清一清。

等到實際動手清了，就又發現，天啊，這哪是什麼儲物間，快要變成垃圾場了。有的小畫框已經年久破

佛法既然是心法，既然是自修自證的一個過程，給自己生活空間裡留這麼一塊清淨的空間，是應該的。

千手眼無礙大悲心陀羅尼

南無喝囉怛那哆囉夜耶。一

唎耶 二 婆盧羯帝爍鉢囉耶

薩埵婆耶 四 摩訶薩埵婆耶

迦盧尼迦耶 六 唵 七 薩皤囉罰曳

數怛那怛寫 九 南無悉吉㗚埵

阿唎耶 十 婆盧吉帝室佛囉㘄馱

金剛經

十一 南無那囉謹墀 十二 醯唎摩訶

沙咩 十三 薩婆阿他豆輸朋 十四

十五 薩婆薩哆那摩婆薩哆那摩

損，有的菩薩剪紙畫早已受潮發爛，有許多我自己的工作資料夾藏在密法修本裡，有一尊佛像就放在地上，等等。我一面收著，一面想，有什麼佛菩薩會願意眷顧你這個佛堂啊。

無須弄得太複雜

我決定清掉一些東西。先從壞掉，沒法保留的東西開始。清完了之後，想到把一些還好的飾品、佛畫等，乾脆送人。這樣，佛堂裡的雜物都消失，剩下的主要是佛經了。我又想這麼多佛菩經，事實上近年來我經常在讀的也不過一兩本，我又不是什麼研究佛經的學者，何必留那麼多。所以除了兩三本佛經之外，乾脆把絕大部分佛經都打包起來，捐送出去。密宗的功課既然一直沒有做，密法修練課本堆在那裡也是罪過，就把所有的課本包起來一次燒掉。所以，佛堂裡面佛經的部分也清空了。而這個過程裡，我最高興的是，當年啟蒙我的那一小本〈大悲咒〉被我翻了出來。〈大悲咒〉到處都是，但是那一小本對我意義非比尋常。

這樣我再看一看，覺得主佛像下的供桌也太複雜了。擺了收來的各色彩石，還有法器等。我把這些也收起來，除了佛像之外，只留了一顆小石頭。最後，我再把主佛像仔細地清擦了一遍。

這麼一口氣清理了之後，我不只有了一個新的佛堂。

那個兩坪的空間，十分清靜，十分寬敞。我的心也十分清靜。就我個人來說，也不覺得要換個房子另有個佛堂的必要了。我現在每天早晚都會進佛堂一次，燃一炷香，靜坐一會兒。誦誦〈大悲咒〉，讀讀〈金剛經〉。過去有段時間雖然我也會這麼做，但是沒有現在如此自然，如此成為生活的一部分。佛法既然是心法，既然是自修自證的一個過程，給自己生活空間裡留這麼一塊清淨的空間，是應該的。佛菩薩也會歡喜我在這個空間裡供奉祂們的。

回顧起來，學佛修行二十年來，前面的階段是對佛經、師父、法器等，都覺得需要多一點的階段，後來一些需求少了，但是另一些需求還是不自覺地堆在那裡。這次清理佛堂，我又減少了不只一點東西，但是也同時獲得了不只一點東西。 ∎

本篇作者為文化工作者

速度，少一點

快中有慢的阿姆斯特丹

Speed Less

文·圖—鄭晃二

經由單車與運河兩個阿姆斯特丹的重要元素，最能輕鬆感受這個城市的閒適氣氛。

一走出阿姆斯特丹車站，映入眼前的是一看似繁忙的大城市，電車徐徐在廣場上開過，高大的荷蘭人騎著腳踏車，彷彿只要慢踩兩下，就可以從你眼前輕快地溜滑而過，在街道的端點化成一個黑影而消失。走過廣場，穿越馬路時發現其實是走在跨越運河的橋樑，橋下的運河，坐滿觀光客的遊艇緩緩開過，燦爛的陽光讓冷峻低溫的北國街道格外迷人。

繞著運河的悠閒城市

介紹阿姆斯特丹之前要先說一點這個城市的歷史，在1200年前後，開始有人定居在河口一帶，發展時還只是一個沼澤溼地的小漁村，為了防止海水的侵襲，使用地形的高度優勢來防止海水侵犯，在小山丘上建築家園；後來，為了防禦敵人的掠奪而在內城大興防禦工事，最初城市的範圍僅局限在內城的窄街狹巷之間，大約在1275年左右，這些由漁村聚落所構成的小鎮以驚人的速度發展成為一個商業貿易城市。

在這個城市中有好幾條環狀的運河，早期開拓的主要目的是為了防禦，也用來排水、灌溉與運輸之用，由於城市人口的快速集中與成長，在十七世紀初，阿姆斯特丹又開發了三條住宅運河，以同心圓的方式建造，滿

足了當時的住宅需求，也建構了人民生活與運河間密不可分的關係。環繞在三大運河旁的周圍土地興蓋了許多豪華的住宅，運河旁的景觀替這個原本是擁擠的城市帶來了典雅浪漫的氣質，與無限延伸的遼闊視野。十八世紀中葉，阿姆斯特丹已經成為世界的金融中心之一。

即便運河現在已失去了它原來商業運輸的重要性，但在交通運輸及居住環境的需求上，運河仍有它不可取代的地位。對於現在蓬勃發展的觀光產業來說，運河也成為城市中最具吸引力的賣點。這也是到這個城市來的觀光客的印象，不過，在這個城市中的生活者，卻有著另一個完全不同的感受。運河不只是給觀光客搭船遊城用的，對於城裡人來說，夏日難得的暖風，也是他們在河上狂歡的大好時光，活動的高潮就是一堆人跳到河裡到處亂游！

荷蘭女王帶頭騎單車

在荷蘭生活，最方便又便宜的交通工具是單車。回顧在二十世紀初，擁有一輛單車是個時髦又高級的享受。二次大戰期間，德國占領軍將荷蘭的成年男子徵召到德國境內做苦工，將所有的單車都沒收，當作德軍快速打擊部隊的交通工具。荷蘭有一個冷笑話是這樣說

冬天珍貴的陽光，讓城裏的人願意花半天的時間將沙發搬到路邊來，享受一杯好咖啡。

的：當老一輩荷蘭人看到德國人，第一句話就是「把我的單車還給我！」（geef me rug mijn fiets!）

二次大戰之後的經濟復甦，因應汽車文化的公路建設成為主流，但是自從七〇年代的能源危機之後，荷蘭女王帶頭騎單車，提倡省能的生活方式，更讓它成為一種全民運動。尤其，在一個像阿姆斯特丹這樣的河岸城市裡騎自行車，也是一種悠閒的享受。

在這個城市裡想要擁有一輛單車並不是件困難的事情，當你走在街上，羨慕別人有單車可騎，自己也想要買一輛，別擔心，不用花多少時間，就可以在路邊找到牽著一輛單車要便宜賣的人。如果你嫌他的單車不夠炫，他乾脆要你在路邊隨便選，任何一輛車都有辦法打開大鎖來賣給你……這些人就是毒癮犯者，他們賣了單車立刻去買毒品享用。這個原因要從阿姆斯特丹特殊的文化說起。

這個城市是經過幾百年發展而成的商業大都市，二十世紀出現的毒品與色情行業，已經在這個城市裡占有重要的地位。著名的紅燈區，幾條街上每天晚上充滿人潮。政府對於大麻的開放態度，以及重視大盜忽略小偷的策略，讓街上有許多有毒癮的遊民。那麼，你買了偷來的單車，豈不是犯法嗎？當然！荷蘭人會建議你就算到店裡買單車，也要索取收據並且隨身攜帶，以免被原

車主認出來報警處理。我有一位荷蘭朋友，曾經在一年內陸續遺失九輛單車。我最佩服他的地方是，當他丟掉第八輛之後還去買了第九輛……

儘管有很高的失竊率，荷蘭人還是愛好單車，平均全國每人有一輛單車，而城市裡每條道路都設有單車專用道。曾經出國旅遊的讀者可以回想一下，只要是充滿單車專用道的城市，生活步調絕對快不起來，但是這種閒適的感覺，又不同於鄉間那種彷彿時間暫停的緩慢，而是在繁忙的城市生活中，有計畫地創造出一個「快中有慢」的生活步調，提供城裡人不同速度的選擇。

步行者的天堂

基於如此的思維，當然也因為城市的空間有限，大部分的道路設計都以單車與行人為優先考量，在市區內開車非常不方便。荷蘭人更率先發明車輛速度限制在時速30公里以下、人車共道的住宅區道路，這種道路讓人車共存，不區分人行道與車道，並利用物理性的道路設計讓車子減速慢行，不致於威脅到行人的安全與悠閒。

由於政府利用高額的稅、保險、汽油等政策，讓想要開汽車的人卻步。汽車文化在當地並不風行，電車、公車、自行車構成這個城市的主要交通網絡，沒有小汽車橫行的車道與停車場，省下來的空間完全提供給行

沒有小汽車橫行的街道，留下來的空間完全提供給行人，處處皆可悠然漫步。

人。至於汽車的使用者，則提供各種替代的方式，除了傳統的租車系統，還發展出點券系統，只要購買一定數量的點券，就可以隨時到各地的加盟車行取車、用車、還車，增加使用的誘因與便利性。

　　減少了汽車數量的同時，四通八達的電車成了另一個替代的交通工具。在街上看到搭電車的人也很輕鬆，兩三節車廂連在一起的電車在路邊一停，大家魚貫上車，好像也沒有人急著要剪票。但是當臨檢的小隊，一行五、六人，也同樣一派輕鬆地同時從不同的車門上電車時，在原本閒適望著窗外的乘客之間，就會出現一絲焦躁的氣氛。因為，如果有人逃票被逮，不論是出現激情拉扯或是認衰繳罰款，都是平靜生活中的小插曲。而

這讓對凡事都保持距離的都市人，表面上假裝不關心，心裡卻其實有點期待。

對老人友善的環境

　　也許，在北國冷峻的低溫中，藏在厚外套的城市人，其實是很熱情的？

　　根據住在城裡的荷蘭朋友說，荷蘭什麼都好，就是天氣太冷。不過，以台灣人的標準來看荷蘭人，覺得人也滿冷的。不過他們這種冷，其實是基於個人的尊重。假使你自己一個人在馬路拉著幾袋很重的行李，不會有人主動過來協助，但是如果你跟路過的人開口，原本若無其事擦身而過的陌生人，會立刻動手幫忙。

走在阿姆斯特丹街頭，仔細觀察街上的行人，也會有另一種發現，那就是老人很多。這些年紀大但是健康的老人，實拜荷蘭良好的社會福利之賜。許多健康的老人常常在街上活動，也可以看到行動不方便者的電動車在慢車道上移動，老人們上街買菜、閒逛，完全靠自己生活。

這個城市的空間規畫，對於大部分慢速移動的老人的各種需求毫不吝嗇。

荷蘭人發展出一個專有名詞叫做「老祖母文化」，就是指有些平常沒事做的老太太，不出門的時候就是坐在窗邊曬太陽喝咖啡，望著窗外的景象。好一幅悠閒的氣氛，就像是十七世紀畫家維米爾（Vermeer）最擅長的手法——捕捉陽光從窗口灑進來的情境。這樣的景象有什麼好奇怪的？重點是，當這些老太太看到窗外有人亂丟垃圾或是偷單車，會立刻放下咖啡杯，衝出來喝止！速度奇快，聲音奇大，效果奇好。

老祖母坐在窗邊曬太陽，果然外冷內熱！

藝術的漫遊

看到這裡，也許你覺得這樣的阿姆斯特丹與刻板印象中的很不同，的確，風車、木鞋、鬱金香，只不過是素有行銷頭腦的荷蘭人針對國際觀光客，發展出的一個經過仔細包裝的浪漫訴求。以下再來談一下這個城市的藝術與建築的面貌。

河邊新建的住宅，掌握了荷蘭人對於簡單居家生活的觀點。

阿姆斯特丹是一個國際化的都市，尤其二十世紀後期，越來越多的中東與亞洲移民，更讓這個城市的臉孔出現多元的風貌。如果要尋找屬於這個地點的歷史文化，倒是可以從沿著河岸興建的建築，發現十七世紀黃金時期的荷蘭光榮，以及在三間大型的博物館中，看到梵谷等近代重要藝術家的作品。

兩百年前荷蘭人梵谷移居法國之後作品大放異彩，然而他生前終究得不到肯定，最後自殺身亡。也許荷蘭人將這個事件當作一個教訓吧，政府對於一些年輕但是默默無名的藝術家十分照顧，只要符合一些基本條件，每年固定產出一些作品就可以申請到一筆還不錯的生活津貼，可以繼續創作。不過，話說回來，也許正因為如此優渥的條件，街上到處看到的公共藝術，有些像是附庸風雅的晶圓廠老闆的收藏品，讓你覺得這些藝術家也許真的應該去法國流浪幾年。

至於建築方面，除了十七世紀的傳統建築，還可以欣賞運河上的船屋、二十世紀初的「阿姆斯特丹學派」的磚造建築、早期現代主義風格的證券交易所，而荷蘭結構主義等的建築在路邊就可以欣賞到；五、六〇年代有位社區建築師將一千多個城市裡廢棄的角落與街道，改造成兒童戶外遊樂場，陪著二次戰後的新生嬰兒走過

重建的年代，至今仍為都市規畫者所稱道；這十幾年來，荷蘭的建築師在國際上也是十分突出，許多年輕的建築師都交出了很好的作品。因此，只要在城裡的街上放慢腳步，即可欣賞到一場又一場的建築藝術饗宴。

絕對不要放慢速度的地方

說了這麼多，讀者真的應該要去阿姆斯特丹一趟，下了飛機，從機場就有火車直達阿姆斯特丹市中心，大家可以輕鬆體會這個愉快的城市。不過有些地方反而不要走得太慢，必須快步通過。本文提出以下三個地方做為結尾，也許可以當作各位城市漫遊者一探究竟的起點：

一、紅燈區：千萬要走快一些，這樣你才可以多看一些。

二、鑽石店：很快看看就好，不要產生衝動性的購買慾望。

三、住家窗戶：不要任意往內張望，以免看到有人在做愛做的事。 ∎

本文作者為淡江大學建築系副教授

關於「少一點」的50本書
4本和其他46本

與「少一點」相關的網站推薦詳細介紹與內容，請上網查閱，網址為：
http://netandbooks.com/taipei/magazine/no20_less/web.html

《慢活》（*In Praise of Slow*）　歐諾黑（Carl Honoré）／著　顏湘如／譯（大塊）

慢活，當這樣的書名出現在眼前時，大概就讓人聯想到時興了好一陣子的一些生活主張，像是國際新聞裡見到的慢食運動，或是生活新聞裡的一些健康提議。無疑的，這種種聯想都與「緩慢運動」有著相當的關聯，然而，卻又很難讓人對於這種生活方式有整體概觀的理解。

這本書並不是那麼瑣碎地去敘說這些事，它介紹了許多以之為出發點的活動，各地的，各樣的，而其目的在於建構出一個緩慢生活觀可以概括的現象，並讓觀者可以藉之進行思索，重新地對自己生活中時間、速度的意義有所調節。

逡巡人類的歷史，在各個層面上都是朝向速度的增快進行，移動、生產、娛樂、學習……，在工業革命之後，速度，變成一切事物追求的標準選項之一。在這之中，人類獲得了許多，然而在這無休止的追尋中，彷彿也在失去些什麼，也在忽視、遺漏、略過許多的可能與面向。

速度，有其存在的必要，但是當一切都已經不問原因的一味加速時，就可能也意謂著一種損失的加速。於為，許多以緩慢作為標榜的運動開始展現在各個方面，總的來看這些活動，大抵是要人們放慢自己的速度，專注在每件事上，繼而找出完成它最好的最佳速度。由某個角度來看，即是從容而為，於是就可以將效果提升到一定的品質，並且可以得出其中樂趣，甚至讓人對於世界有新的體驗。

流沉於快速之中讓生活失去了許多的色彩，或許每個人都該停下腳步來，好好地審視一下自己，以對的速度來應對這個世界，一種平衡的速度，一種適合自己的速度，那樣才稱得上是過活。（賴譽夫）

《陶淵明詩集》　徐巍／選注（遠流）

陶淵明的詩不多，然而形象之鮮明動人，其他著作等身的詩人只怕難以望其項背。陶淵明用字極簡，不刻意求清麗、也不刻意求格調，然而難的是極簡極淨，生命力卻盈潤飽滿、窈窕多姿。

我記得大學時代的陶詩課堂裡，老師講到「平疇交遠風，良苗亦懷新」，那不是中文系教室之外容易讀到的句子，在座中文系同學們也可能是第一次真正感受那個乾淨到無可超越的陶淵明。「平疇」和「遠風」都不是新鮮的辭彙，鍛字鍊句似無特殊之處，憑藉區區一個「交」字，所有流動往來的光影、氣息，無限寬廣的時間和空間，全部匯聚在此，沒有什麼理由，只因為陶淵明一夐的呼吸。那是夜間時段開設的課程，然而一室動容，彷彿身在豐

綠之野、有情之春，陽光滿滿，人生的希望和自由灌溉著心裡純真的禾苗，欣欣然生長起來。

我也記得，在人生的種種創傷折磨之後，熟悉的街巷道路、書店校舍，一一面目可憎。生活的必經場景裡，擁擠著太多的昨是今非、歡往愁來。傷痕高密度地重現，也許真需要一段遙遠的旅行，需要一個空曠無人、可以大哭之後忘記一切的地方。很偶然地討論起陶淵明的〈飲酒〉：「問君何能爾？心遠地自偏」，才終於學會了因淚成笑，在已然成形的歷程間，獲得日日舒坦的自己。陶淵明掛冠之後，人以為隱者，其實他「結廬在人境」。人境不是沒有喧囂吵嚷，只是心遠了，自我沉醉於其他的、真實的美好：東籬與南山、山嵐與飛鳥，無非自我心中完足的宇宙。那是既遙遠又實在、既悠然又蓬勃，放下所有快樂和不快樂之後，才能驀然察覺的「擁有」，以為短暫其實與永恆相終始的「擁有」。

市聲擾擾，陶淵明傾聽的卻是呼喚一顆心遠遠奔出去的、宇宙的歌聲。「此中有真意，欲辯已忘言」。與其多說，不如不說，不如忘了吧。真正欣喜快樂、感受生命核心的時刻，文字都是累贅了。（狐狸）

《生活簡單就是享受》（Simplify Your Life）愛琳·詹姆絲（Elaine St. James）／著　吳達／譯（新路）

本書作者反對凡事皆求大與多，推廣從家庭、生活、財務、工作、健康、飲食等各方面「少一點」的觀念，並列出了從家務整理、生活、工作到個人自我管理中的陋習，以及改進之道。在第一篇即強調：「並非要你否定你所需要的東西，而是要讓你從那些你不需要的東西中解放出來。」對於生活在台灣的人們而言，書中的某些建議如「賣掉那該死的遊艇」、「丟掉你的草皮」等，也許無法感同身受。但是置換到台灣的環境，可以發覺書中提到的某些現象是全球性的問題，例如「我們已經成為一個消費者多於儲蓄者的國家，當人們被持續高漲的物價及不斷貶值的貨幣，逼得必須千方百計、千辛萬苦來求生存時，也正是我們大量消費、亂買一些不需要的物品的時候」。在購物時是否常有一種無法克制的衝動，覺得「我必須現在就買」？建議你可以看看第40條法則「檢討你的購物習慣」。

另一方面，現代科技的發達，讓人們自以為機器提供了節省勞務的時間與力氣，但書中提出反向的省思，當依賴科技或機器幫我們做事時，無形中亦養成了浪費的觀念。例如洗衣機的存在非但沒有讓婦女節省洗衣雜務的時間，反而增加了工作量。原因在於誤認了機器的便利，一天換穿多次的衣服，反而要花費更多的時間處理加倍的衣物。

值得省思的還有「減少娛樂上的開銷」：「取消你的夜生活娛樂，回歸自己的內心，和家人一起共度休閒時光，對尋求簡樸生活的人來說，是一件正面有意義的事」。現代人已經開始厭倦被強勢的娛樂市場操縱的生活，逐漸了解生活中最珍貴的東西是「自由」，娛樂活動可以減少一點，建議你按照作者在書中介紹的方法，與家人一起將真正想做的事列在紙上，然後再去做。簡而言之，本書所欲傳達之簡單生活概念，就在於「活在當下」，為了自己、及自己真正關心的人而活。（陳秋雯）

《以少做多：簡單大目標引爆生產力》
（*Less Is More: How Great Companies Use Productivity as a Competitive Tool in Business*）
傑森·詹寧斯（Jason Jennings）／著　張美惠／譯（商智）

裁員、縮編、移向人力花費較少的第三世界國家、使用更多的約聘人員，是目前各大企業面臨經濟成長趨緩的對策，資方的刪刪刪政策，廣大的上班族則是叫苦連天，工作越來越難找，供需市場一片低靡不振，連帶地使富者更富，貧者更貧，經濟成長更不見起色。

惡性循環的日子，緊臨大陸市場的台灣最有感覺，企業普遍傾留台灣、移廠大陸，年輕人

對未來充滿不安，中流砥柱的主管階層人人自危，到底哪裡出了問題？減少支出，卻無法開拓出更大的生產力？問題就出在精簡錯了地方。

絕不裁員、開除不適任主管、數字透明化、瓦解官僚體制等等，看來逆向操作的作法，其實正是最有效益的。入選全球前25名最頂尖企業演講家傑森‧詹寧斯，找來一群研究員，篩選出十家全球最具生產力的公司，它們並非檯面上財務報表最完美的，而是員工產值最高、生產效率最高的公司，結果發現真正掌握高生產力的執行長，無一例外都很坦誠接受合作，證明精簡勝繁複的成功之道，在越是艱困的環境，用最少的力量，成就最大的效益。

在高度資本主義社會生存的人類，漸漸被視為機器般物化，而忘了人類潛能無限的特質，本書所分析的高效率企業，都是強調信賴與尊重，鼓勵員工表達心聲與參與，創造平等工作環境，如此逆向操作，無非是因為以人性催化人力，正確的企業瘦身，企業主與勞工，都是最大的受益者。（柯佳伶）

「少一點」的經典與思想

《莊子》　莊子／著　傅佩榮／譯註（立緒）

莊子認為「吾生也有涯，而知也無涯。以有涯隨無涯，殆已。」莊子本身倡議逍遙之遊，以北冥之魚寄寓自己不願受到外界拘束束縛的理想。而他簡約的生活，拒絕楚威王任官的請求，更是思行合一的體現。書中並記載子貢想要幫助為圃丈人減少勞力並提升工作效率的方法，子貢說：「有械於此，一日浸百畦，用力甚寡而見功多，夫子不欲乎？……鑿木為機，後重前輕，挈水若抽，速如洬湯，其名為槹。」然而丈人卻大怒說：「有機械者必有機事，有機事者必有機心。」因而憤然拒絕了子貢的好意。而這個寓言，同時也表達了作者莊子追求純粹寧靜的理想。（墨疊）

《新譯墨子讀本》　李生龍／注譯　李振興／校閱（三民）

墨子提倡兼愛、非攻、非樂以及「節用、節葬」的思想，個人更是奉行不違，而穿不好、吃不好、用不好，在世時不唱歌，死去時不穿衣，桐棺只有三寸而沒有外槨，是一個極度節省的典範。司馬談雖然認為這種修行太苦，使人難以遵行，卻也肯定墨子的作法是「彊本節用，則人給家足之道也」。那麼我們不免好奇，如果墨子推廣的理念在司馬談等人看來是如此的苦，以致於讓人難以遵行，何以墨家又會在戰國時代與儒家並稱為顯學呢！而墨子主張節用、節葬的理由又是什麼？對當時的人又有何意義？這些疑問，在此書中都能得到解答。（墨疊）

《心的經典：心經新釋》　聖嚴法師／著（法鼓文化）

人生命有限，慾望與煩惱卻無窮無盡。要如何真正看透萬象而得到心靈的自在解脫？《心經》提供了世人相當不錯的法門。《心經》全名《般若波羅蜜多心經》，短短二百六十字是所有漢譯佛經中，文字最少卻流傳最廣的經典，通篇探求「無常」以及「空」兩個概念。大千世界因為「緣」而離散聚合。因為緣至，種種物質聚合，出現人類以及因果循環。因為緣盡，結合的物質離散，形體消滅。所有世間萬象莫不脫離此原則。

「緣」的聚合並無常法也無常因，卻因人自我意識太強，反而耽溺於無常虛像所構成的世界。將無常認為有常，執著於種種事物。從而心生煩惱、怒氣、貪求等種種意識，無法跳脫慾望與煩惱的世道輪迴。這本聖嚴法師所註解的版本，相信是當下最易了解心經以及擺脫煩惱的入門書。（林良騏）

《道德經》　老子／著（商務印書館）

只有五千餘言的它於春秋末年成書以來，影響至今已有二千五百多年。那麼老子又是說了什麼，讓人如此傾心呢！老子主張柔弱之道、退讓之道，有「天下莫柔弱於水，而攻堅強者莫之能勝，以其無以易之。」、「不敢進寸而退尺、不敢為天下先」的說法。字句裡四處充盈著哲理，其中與少一點有關的還有他對於「儉」與「小國寡民」的論述，「少則得，多則惑」或許正是他的中心思想。這個譯本雖然沒有將新近挖出的馬王堆、郭店的《道德經》列入討論之列，但卻收錄了趙孟頫、鮮于樞等人抄寫《道德經》的手蹟，令人獲得精神、視覺上的雙重享受，值得一看。（墨疊）

《易經繫傳別講》 南懷瑾／著 （老古文化）

《易經》為群經之首，全書以陰陽、八卦的變化判定吉凶休咎，闡發人生哲理。它一方面探究宇宙萬物時時刻刻都在變易的現象，一方面又追求在這種變易中不變的道理，而形成動靜、陰陽，一切沒有絕對而只有相對的思想體系。其中六十四卦只有一卦六爻皆吉，是為謙卦。有「謙，德之柄也」、「謙謙君子」之說，正所謂滿招損、謙受益！然則何以「地山」構成了「謙」卦，「上地下山」這樣的現象又如何成了「謙虛」的象徵？謙虛的好處又是如何看出？〈繫傳〉是解釋《易經》的篇章，而我們的疑問同樣可以在此以及《易經》「謙卦」的相關論述中得到解答。 （墨壘）

《新教倫理與資本主義精神》（ *The Protestant Ethic and the Spirit of Capitalism* ）

馬克思‧韋伯（Max Weber）／著 于曉等／譯 （左岸）

社會學大家馬克思‧韋伯在資本主義興起的研究中，認為資本主義精神占有重大關鍵，而資本主義精神，與加爾文教派則有不可分的關係。加爾文教派衍生出後來所謂的新教，強調人類賺取財富是一種天職與責任，是為了榮耀上帝，而個人的享受則被排除於目的之外。

新教倫理提供的這種觀念與理性、禁慾，合理化了資本主義的運作，使得西方資本主義（相對於傳統）能夠發展為自由競爭的理性形式。對比於二十世紀的資本主義，鼓勵消費，人類反而更落入卡爾‧馬克思所謂的剝削狀態。 （莊琬華）

《菜根譚》 洪自誠／原著 龔鵬程／導讀 戴文和／注釋 （漢藝色研）

本書是明末時期以儒家觀點出發的處事典則，書名來源是宋明儒常言之「得常咬菜根即百事成」。此書被視為處事修身的名言錄，亦是以審美態度對人生觀照的小品文學代表。分為上下兩集之《菜根譚》，全書以簡潔的對仗短句，扼要點出人生的道理，如「世間皆樂，苦自心生」，告誡世人若被榮利纏縛，心神受到羈絆，痛苦亦油然而生。而「路要讓一分，味須減三分」、「靜中見真境，淡中識本然」等，則是點出閒淡恬適、明哲保身的道理。字句簡短但餘味無窮，在人生的不同時期翻閱，會得到不同的體會。 （陳秋雯）

《簡樸思想與環保哲學》 中國哲學會／編輯 沈清松／主編 （立緒）

面對當代變動極大的社會現狀，未來真是令人喪氣。不要再追逐外在世界了，多看看自己的內心，你的心，將會告訴你，未來的路可以怎麼走。當心靈失去了家，就需要不斷地短視近利、消費來填補，就像《神隱少女》裡的貪慾人類，黑洞，只會越填越大。兩千年身處亂世的道家哲學，早就整理出一套完整自處之道，幫助你做心靈環保，才不致陷入憂鬱症的時代狂潮中。

簡樸思想不是禁慾，而是看清自己的慾望，給自己真正想要的，本書由精研道家哲學的沈清松教授主編，邀請各家大師，精解中國哲學與印度哲學的簡樸思想，挖掘落實現代生活的意義，清一清你久未清洗的心靈。 （柯佳伶）

《清貧思想》 中野孝次／著 李永熾／譯 （張老師文化）

「清貧不是一般的貧窮。而是由自己思想與意志積極創出之簡單樸實的生活型態。」如果說BOBO族是有想法的富有生活型態，那麼清貧思想則是其中精神層次最極致的表現，是一種充滿極簡風格的生活，一如日本俳句的清新禪意，書中舉俳句大師松尾芭蕉所言：「何等尊貴，青葉嫩葉，在日光下。」一種專注並欣賞生命片刻的美學態度，正是物慾過盛且充斥不安全感的世界中，最in的生活風格。

本書收錄十五篇日本傳統大師禪風美學的生活故事，其中茶藝大師光悅不惜傾盡家產，只為收藏一只經典茶罐的執著，後期光悅卻捨棄一切，在小茶室以粗茶器，即可享受茶道的境界，正反映現代生活的進程，追求物質的極致到最後，終必捨物而就自然，朝向心靈自由的境界。 （柯佳伶）

《古希臘羅馬犬儒現象研究》 楊巨平／著 （人民）

這是一本比較全面討論犬儒學派的學術作品。不管是對於犬儒學派的代表人物、起源與演變都有詳細的分析比較，同時也闡述了犬儒學派所表現出來的社會思想與人生態度，並將犬儒學派的理想和莊子學派的理想作一比較。

簡單地說，作者認為反社會是犬儒學派的思想特徵。因此表現在社會價值觀上，他們對於金錢與貪婪抱持鄙視的態度，認為人應該甘於清貧簡樸，滿足精神的富有。在生活態度上，謀求回歸自然與自然環境融為一體，而與現實世界打交道時，則應追求精神上的自由、自足與無惑。 （徐淑卿）

《少即是多：自願貧窮的藝術》（Less Is More: The Art of Voluntary Poverty）

古狄恩・范登布洛克（Goldian Vanden -Broeck）／編選　倪婉君等／譯（立緒）

這本格言集，收錄古今中外關於少即是多的相關格言，從西方的蘇格拉底、東方的老子到近代世界各地或知名、或不知名的作者的語錄，幾乎都能在這本書中看到。對這些賢人的相關說法有興趣的讀者，此書頗為有用。不過作者一開始說「書中有些部分是同尼羅河一樣沒有來源的」又引用塞內加的話說「但是這些話是誰說的，有那麼重要嗎？」而書中關於老子、甘地等人的同一句話，也確實有不同的譯法，且作者將韓非的年代訂在前500年更是一個失誤。算是本書比較不足的地方。
（墨壘）

《一切從減》（Simplify Your Life）　維納・堤契・區斯坦（Werner Tiki Küstenmacher）、

羅塔爾・塞維特（Lothar J. Seiwert）／著　賴雅靜／譯（平安文化）

生活中有許多時刻，我們常被外來的雜念瑣事束縛，往往忘記了單純與簡樸才是人類的基本需求。本書將人生比喻為一座金字塔，邁向生活本質的道路中存在著七個階梯，從物質層面推向心靈層面，分別為雜物、財務、時間、健康、人際關係、兩性關係及自我。這七種面向分別象徵個人生活中的不同領域，也是產生種種負擔的來源。

作者從這些切面著眼，指出其中化繁為簡的原則，從外在的書桌、房子的整理，到時間的安排、人際關係的相處之道、以及對自己身心的管理，只要在細微之處稍微改變想法與作法，就能讓生活更加輕便而井然有序。　（陳秋雯）

《生活愈簡單愈好》（The Circle of Simplicity: Return to the Good Life）

賽西兒・安德魯絲（Cecile Andrews）／著　朱衣／譯（時報）

本書作者是「簡單生活圈」的運動發起者，寫作此書的目的亦是為了提倡簡化生活的益處。作者受到梭羅的影響觸發實行簡單生活的概念，全書介紹簡樸生活的哲學及實踐方式，首先點出生活中各種讓人們疲於追求的假象與迷思，繼之推廣人們可以共同實踐簡單生活的溝通圈。各章節亦引用了梭羅的名句，與其理念產生對話的效果。

一般人若想從俗務中全身而退力行簡單生活，恐怕會因為無法馬上達成而引來更大的沮喪。事實上只要在生活被壓得喘不過氣而感到困惑時，傾聽內心的聲音，從小處著手，少掉一些無謂的消費、工作、應酬，慢慢就能培養朝向簡單生活目標邁進的勇氣。　（陳秋雯）

《不斷幸福論》（Die Glücksformel）

柯萊恩（Stefan Klein）／著　陳素幸／譯（大塊）

幸福並非只是從豪華的房車、吃高貴的西式餐飲等奢華事物中才能得到。簡單的擁抱、閱讀美麗的詩文、在森林裡漫步等，都可以讓大腦分泌出令人心生愉悅的物質，讓自己的身心更加舒暢美麗。

本書以神經科學研究為基礎，證明幸福雖然只是一種虛無飄渺的感覺，卻是可以經由不斷學習，改變大腦的感知結構而獲得，並且可以一再提取，成為一種常態。即使天生性格使然，或是憂鬱症患者，都可以因此減輕負面的思想，接納歡樂。
（林良騏）

《減速慢行》　王志弘／著　（田園城市）

我們正處在一個講求速度的時代中。「速度至上」的價值觀，全面影響了城市的規畫走向、社會結構及人的生活節奏，甚至是思考方式。但這一切不是想當然爾。作者王志弘長期關注速度、流動與空間、社會的相互關係及議題，本書則以較淺顯的文字，試圖引領一般讀者，思考人與人（社會）、人與城市空間的深層意義。

為什麼是男人掌握方向盤、開快車，女人多是搭乘大眾運輸工具，速度由人控制？速度快慢甚至也有性別與權力之分。

作者感嘆，「人生有限，慾望無窮。當慾望盡情吞吃時空之際，超速的快感讓我們以為世界無限寬廣，沒有盡頭，終至迎頭撞上彼此。」若不試著「減速慢行」，你自然傷痕累累、無暇思索的。　（藍嘉俊）

《徒然草》　吉田兼好（Yoshida Kenko）／著　王以鑄／譯（木馬）

「徒然」於日文中意指無聊之時，「草」則為草稿。作者吉田兼好在序段即言，為文於無所事事之時，瑣事紛現，於是漫然書之。一開始即不為編纂成冊，因此很多段落都是取自於其閱讀經書之背、隨手取得之紙、或者貼於牆上的隨筆。

在或長或短的段落中，他思辯佛學義理，也廣及儒道思想；他談生活瑣事如燈下獨坐翻書之樂，亦談情愛風流之樂愁；談自然、生命之道，也論修身、保國之道。信手拈來，以情發重思考，所以對於趣聞軼事，或對人物之品評，皆反應出作者對人物的深刻觀察，以及犀利而不媚俗的批判。　（莊琬華）

《紅樓夢》 曹雪芹／著 （桂冠）

在《紅樓夢》的第一回裡，便點出繁華過後必定是淒涼的結局。如甄士隱為〈好了歌〉所作的解：「陋室空堂，當年笏滿床；衰草枯楊，曾為歌舞場。蛛絲兒結滿雕梁，綠紗今又糊在蓬窗上。……」而在第五回出現的〈金陵十二金釵正冊〉，也早已預告了書裡這些聰明靈慧的女子的命運。《紅樓夢》是歷任江寧織造達到權勢顛峰而後又遭遇抄家大厄的曹家的紙上版本，曹雪芹將他的身世淒涼盡寫在這本書裡。大觀園裡見不得一點俗氣的風雅、見他起高樓的奢華、精緻精采的人物，後來都不免隨風四散，只剩下「落了片白茫茫大地真乾淨」，如果不能洞悉空無的人生真諦，就不能體會寫盡繁華時，作者的一把辛酸淚了。 （徐淑卿）

《山居歲月》（A Year in Provence） 彼得‧梅爾（Peter Mayle）／著 尹萍／譯 （季節風）

英國籍作者彼得‧梅爾拋開廣告公司主管工作，選擇遠離紐約、倫敦光鮮亮麗的城市生活，偕妻子與愛犬於法國南部的普羅旺斯地區旅居一年，本書記錄他在普羅旺斯的所見所聞。作者詼諧的筆調與細緻的田園生活書寫，讓本書成為經典。全書以一個外來客的觀點描述普羅旺斯的風土人情。觀察之餘，作者試著放慢步調，融入普羅旺斯的當地生活，於是過往覺得無足輕重的生活瑣事，在全心投入之後越發體會其中的樂趣。無論是設計花園、修繕廚房、逛走市場，或者只是無所事事地於自家庭園享用佳餚美酒，看完本書之後，或許你會重新定義何謂真正的生活。 （陳秋雯）

《Robert Frost: Selected Poems》 Robert Frost／著 （Gramercy Books）

羅伯‧佛洛斯特（Robert Frost）是美國家喻戶曉的詩人，他的名作〈沒有走的路〉（The Road Not Taken）被選為美國人最愛的詩作第一名，是史上第一位獲邀於美國總統就職典禮上頌詩的詩人。佛洛斯特的作品風格恬淡，但又寓意深遠，常以日常生活，特別是鄉村生活的細節入詩，但經由他的筆下，這些生活瑣事卻帶著動人的思想光輝。〈沒有走的路〉大概是他所有作品中最動人的詩作，每一個人都深深為詩人所描述的意象所吸引，認為自己選擇了一條人跡罕至的道路，但卻因為是自己的決定，一切便有所不同，不再是庸庸碌碌的，而是做過選擇的提升。許多人在他的作品中可以發現日常字彙的不凡力量，將尋常的經歷化為動人的意象，但卻又那樣淡然而富有智慧。 （林盈志）

《緩慢》（La Lenteur） 米蘭‧昆德拉（Milan Kundera）／著 尉遲秀／譯 （皇冠）

他與妻子踏上一趟渴望的城堡之旅，夜晚來臨卻無法成眠，於是他繞室而行以打發漫漫長夜。悠閒的人在凝視上帝的窗口，悠閒的昆德拉從這扇窗戶看見了一位捷克學者如何以轉換、詮釋來架構自己的榮耀，一名像「舞者」的政治人物如何從力爭到避免成為全場焦點，一群發明「舞者」概念的知識分子在言論之外的窘狀，以及十七世紀的騎士與T夫人。他們努力的保留與忘卻已發生過的事情以維持自身的存在。只是，「緩慢的程度與記憶的濃淡成正比，速度的高低則與遺忘的快慢成正比。」正是昆德拉在這本小說中的一場實驗結論，如果不解，又豈能控制記憶或者遺忘？ （莊琬華）

《夏先生的故事》（Die Geschichte von Herrn Sommer）
徐四金（Patrick Süskind）／著 彭意如／譯 Sempé／繪 （小知堂）

當小男孩還在爬樹、上學的時候，夏先生每天就是不停地走路，不管刮風下雨或驕陽炎烤，甚至是下冰雹，對於他人好心搭載的美意，也只回了一句「那就請讓我靜一靜」。

及至男孩長成少年，夏先生每天都重複同樣的事情。只有一次，男孩偶然聽見他「一輩子想擺脫死神魔掌」卻又不可得的深沉嘆息。最後，他不再行走陸上而是走向湖底。神祕的夏先生，幾乎也被時間遺忘，在紛擾變動的世界中，選擇以自己的意志決定生命的形式。其中似乎映照作者自身的渴望。 （莊琬華）

《NT$280》（14.99 €） 德利克‧貝格岱（Ferderic Beigbeder）／著 楊孟哲／譯 （皇冠）

在這個世界上，凡是擺在商店陳列架販售的商品都會有固定的標價。《NT$280》一書標題出售價，巧妙地運用命名符號直陳了資本主義社會的遊戲規則。當身邊總是被各式商品環繞的同時，是什麼樣的機制在運作，而讓我們總是想要更多一點？這本小說告訴你：就是廣告的宣傳與媒介的渲染。這本自白式的小說，直陳出廣告或是廣告業之所以存在，一個最坦白又最簡單的事實：沒有人希望你們的日子過得快樂，因為快樂的人不會去消費。讀完廣告人的自白，在訕笑之餘建議你想一想，書裡提及的成千上萬種商品或品牌，你曾經使用或擁有過多少種？哪些是受了廣告的影響而購買？透過回想也許可以得到意想不到的效果，就是其實你真的不需要那麼多。 （陳秋雯）

《最短篇》 陳義芝／主編（寶瓶）

要將一個故事交代清楚，文末還需要留些想像空間讓讀者咀嚼，最少用多少字數可以達成？《最短篇》是聯合副刊對小說文類的實驗與革命，遊戲規則是必須在三百字內說完一個故事，並且需要保留小說的主要元素，角色、事件、衝突、結局，缺一不可。

全書收錄一百餘則經過徵選的最短篇小說，這些作者以其洗鍊的文筆功力，呈現了許多精彩的故事，或說情、或寓理、或感人、或驚悚。閱讀這本小說集彷彿在不同的人生場景中快速穿梭，閱畢亦有意猶未盡的快感，不覺間最短篇小說已讓讀者上癮。（陳秋雯）

《世界曾經是樂園》 古川千勝／著　柴崎琉璃子／繪　李毓昭／譯（晨星）

作者由收到一封名為「100人村」的E-mail引發思考。藉由自然筆調的插畫及淺易的文字來提醒地球村的人們──「世界曾經是個樂園」，面對這個逐漸被破壞、污染並且財富失衡的世界必須有更深層的省思。「簡單」、「資源分享」、「和睦相處」、「團結一致」這些原本存在於樂園裡的基本元素，隨著金錢的出現及分配開始有了變化，人們對金錢的錯誤想像一點一滴地使世界失去了平衡，「生命力量」也逐漸賣乏。

身為地球村的一分子，都盼望世界能充滿愛心與同情，且不再有任何恐懼。本書提供了一些如何平衡物質與精神的概念及實証，也許利用網路無遠弗屆的力量，試著由自己做起，心改變，相信這個世界就會跟著改變。（Tutu）

《又寂寞又美好》（Beautiful Solitude）　幾米／著（大塊）

「他的身體幾乎完全報廢／頭頂卻開出一叢美麗的花／風吹過來時花草搖曳／蝴蝶飛過來，小鳥也飛過來／這時他才開始懂得欣賞玫瑰花的美麗／相信青蛙王子的浪漫故事。」

因為一場磨人的病痛，讓幾米在那段時間內回到一種孤寂的沉靜狀態，幾乎與世界隔絕。在這段特殊時期，他畫圖寫字，記錄腦海中乍現的片刻靈光，或者窗前、遠方、夢境、生活種種，以簡單的色彩、細緻的線條、輕盈的短句，氳氲開一股淡淡地憂傷或者快樂，鋪陳出豐富而動人的生命哲思，又寂寞又美好。（莊琬華）

《80/20生活經》（Living the 80/20 Way）　Richard Koch／著　席玉蘋／譯（大塊）

如果一個人只要花一點點的力氣和代價，卻能得到生命中非常美好的事物，這是不是一種痴人說夢？

透過《80/20生活經》，上述的說法不僅可行，而且論證十足。原本用在商業及經濟領域上的80/20法則，運用在每個人的生活上，不僅能讓壓力減輕，而且還能享受人生。這方法簡單地說，第一步，一個人得先去了解自己，接著找出對自己來說最重要，以及最擅長的事，然後找到最快速達到目標的方法，接著專注，並且全力以赴。書中羅列的許多例子，讓80/20法則顯得平易近人許多，也在工具書之外，多了勵志的味道。（詮斐）

《打開戀物情結》（Dematerializing: Taming the Power Possessions）
珍・漢默史洛（Jane Hammerslough）／著　廣梅芳、丁凡、楊淑智／譯（張老師文化）

必須承認我們生活在物質至上的世界，經常會將「我是誰」與「我擁有什麼」混為一談。我們以為物質具有魔力，可以滿足更深層的需要，於是希望藉由消費，藉由擁有某些「物」來幫助我們解決問題，最後卻產生更多的空虛感等待滿足，並且蒙蔽了應該正視問題的機會。「擁有」一向是人類最基本的渴望與追求，但是在充滿各式誘惑的物質世界，我們已經逐漸無法分辨「想要」與「需要」之間的分界，也因此漸漸踏入被物所支配的生活。本書作者探索神話、卡通、小說、電影和個人經驗，從物與人的關係，延伸探討關於過度的慾望與過度的消費等課題，告訴我們少一點對物的崇拜與迷思，就能多掙回一點自我。（陳秋雯）

《半飽：生活高潮之所在》 歐陽應霽／著　（大塊）

吃是對自己、對萬物的一種態度。選擇每天狼吞虎嚥把食物堆疊到喉嚨撐個半死，還是用心的吃，吃到半飽，好好善待自己？作者秉持對「私生活」的敏感，登堂入室來這次空降廚房，跟我們談吃，吃什麼、怎麼吃。作者筆下的食材彷彿都成精了，是活的，像「長相普通最不起搖但也最厲害的『大姐大』」月桂葉，但作者只是把「一半的榮耀」給它，因為即便是如此厲害，煮過了頭會變苦糟蹋了食物，所以煮的時間要少一點，讓月桂葉漂亮地「中途離場」。

說要少吃一點，不是盲目的少讓自己和食物處於作戰狀態，而是了解自己的需求後作出協調。舉腳贊成作者說的「卡路里其實不是公敵，問題是怎樣與它維持一段良好關係」。「少吃多滋味」是智慧，「多吃壞肚皮」是至理。（洗懿穎）

《禪與飲食》 葉伯曦／編譯 胡信田／校閱 （頂淵）

本書將禪的精神灌注到日常的飲食生活中。禪寺中掌管修行僧飲食的執事者被稱為「典座」，本書主要引介道元禪師從典座工作中所領悟關於飲食方面的禪理，並從營養學的觀點，談論現代人對飲食的輕忽態度、暴飲暴食造成身心的負擔，以及改善之道。在禪的思想中認為烹調如同其他修行，是提昇人格的修行方式。從挑選材料、配菜、烹煮成品到清洗器皿，即使是使用有限的食材，也須對材料心存感激，在烹煮的每個細節中以真誠的態度進行料理工作。而用餐者則需要感念食材的得之不易與烹飪者的辛勞，在飲食中少一點人工的附加物，可以嚐到材料的真味與人生的真諦。 （陳秋雯）

《DRESS, UNDRESS脫衣術》 黃薇／著 （大塊）

衣服與你的關係是什麼？是一見鍾情的新歡，後來卻淪落為不見天日的舊愛？打開衣櫃檢視時是否覺得永遠多了一件，同時少了一件？「多一件的衣櫥，表示衣櫥缺乏主張，或者不夠聰明」，「時尚大師」黃薇這樣寫著。透過這本名為《脫衣術》的書，作者要教你如何脫掉、如何減少一件不適合自己的衣物，以及如何用衣物來調整自己的能量，展開美好的一天。

沒有經過思考的「採集式」消費，是造成多一件的原因，如果你的基因裡有著這種亂買因子，請翻至〈亂買衣服常見的心理陷阱〉參考那十個建議。作者有一個重要主張，就是應該把穿著或衣櫥看為一生的投資，是需要去經營和管理的，如果有了一個「好的基礎」，也夠紮實，便不會出現少一件或多一件」的問題。 （冼懿穎）

因 《十人：台北空間美學第二波進擊》 阮慶岳／著 （田園城市）

建築物與外在環境以及與裡面起居的人有著一種對話的關係，在設計上加一點什麼、減少一點什麼，都會影響著建築物的個性與能量，而建築師就像是在尋找建築物與環境與人之間的平衡。本書是作者另一本著作《新人文建築》的接續，透過十位空間設計者的訪問（李牧倫、陸希傑、何以立、吳建德、連浩延等等），藉以引申作為自己「建築後續思索與反省的一個來源點」。這十位空間設計者，他們在設計上所抱持的態度多少呈現了建築上的「少一點」，如連浩延在處理空間時「不會有手法蓋過本質本末倒置的現象……不但話語精簡扼要不餘贅言，也能猶然韻味盪然」；又或是陸希傑的工作室，直接把台北市雜亂的景像透過偌大的玻璃窗忠實地引入室內，便多了一點誠實，少了一點虛偽。

建築物和美與醜的距離，也許就在於這少一點和多一點的拿捏。 （冼懿穎）

《日本現在未來式的居住趨勢白皮書：精・工・禪》 李欣頻／著 黃宏輝／口述 （麥浩斯）

環顧台灣的居所形式，絕大部分都是移植、拼湊西方的建築元素，這裡頭有著一種缺乏自信的迷失與盲目，要花俏張揚、要豪華繁複，結果不但與生活內容不搭，也破壞了原有環境的整體性，更造成視覺污染及資源浪費。

同樣是地狹人稠的日本，對住宅樣態卻有非常高度的自覺。在素樸簡潔的形式背後，卻兼顧了機能性，以及對自然生態及社區生活體的尊重。本書由大師安藤忠雄帶著他的清水混凝土牆面打頭陣，並集結了其他日本一流建築師的作品，呈現六種「禪味」十足的優質環境。讀者可以從這些運用了「地、水、光、空」等簡單元素的建築中，領略什麼叫做詩意空間。 （藍嘉俊）

《正念瑜伽：結合佛法與瑜珈的身心雙修》 (Mindfulness Yoga: The Awakened Union of Breath, Body, and Mind) 法蘭克・裘德・巴奇歐 （Frank Jude Boccio）／著 鄧光潔／譯 （橡樹林）

「還記得遨遊在純然愉悅的世界中，心中的喜悅完全不因貪、瞋所污染的感覺？」所有的瑜珈學派被稱為「回歸之道」，就是幫助我們回到原初的家。本書作者融合東方佛教與瑜珈的基本要義，提倡在練習瑜珈的過程中應當執持正念。所謂「正念」亦即「活在當下」。本書提供各套瑜珈姿勢的原理與圖示，可視為修習瑜珈的教本。然而全書主旨在於提倡將瑜珈視為一種生活態度。越是簡單的人生至理往往在越容易被忽視，或應該說，現代人的生活已經過度複雜化。從瑜珈看似簡易的各式姿態，可以看到其中蘊涵的生命至理。以瑜珈基本姿勢「山式」為例，一個基本的站立姿勢，若能定心體會，可以讓人們意識到身體的能量，以及身體與空間互動的種種可能。 （陳秋雯）

《輕鬆學靜坐》 洪啓嵩／著 （阿含文化）

靜坐是追求禪定境界的一種方式，是一種提昇生命能量的方法，具有調整身心狀況的功能。現代人如果學習靜坐，可以幫助放鬆過於勞累的身體與排除心靈的雜念，因此亦可以幫助人們專注於工作與生活。作者洪啓嵩以多年鑽研與傳授禪法及靜坐的經驗，寫成此靜坐法的入門書，從禪、定、坐禪的基本觀念釐清談起，以深入淺出的介紹文字與插圖，介紹靜坐的準備工作、基本方式、以及靜坐時調身、調息、調心的方法。讓有心學習靜坐者可以在日常生活中練習，讓心靈沉靜的同時也可以減少多餘的慾望。 （陳秋雯）

《這樣也可以降成本！》（313 Ways to Slash Your Business Overheads）
蓋瑞‧隆恩（Gary Long）／著　陳瑜清／譯（麥格羅‧希爾）

環視辦公環境，或許你沒想到我們每天在工作流程中，製造了多少原本不必要的開銷與浪費。本書由企業經營者的角度，審視企業運作過程的各個環節中節省開銷、創造獲利的方式。從辦公室的用具採購、工作流程、人力資源、庫存控管、預算支出控管到節能的概念與能源的節約，條列了三百餘則簡易實踐的方式，供企業的經營管理者參考。基本的出發點在於秉持簡樸致富的概念，主張去除企業環境中不必要的物品支出，以及能源、資源與人力等方面的浪費；從節省成本做起，便可為企業帶來意想不到的獲利。（陳秋雯）

《簡單工作Smart手冊：少做一點真的沒有錯》（The Simplicity Survival Handbook: 32 Ways to Do Less and Accomplish More）　比爾‧簡森（Bill Jensen）／著　朱品堯、陳智文／譯（商智）

要work smart，不要work hard，這是我們都知道的概念。書中作者進一步提出，在職場上，除非我們能少做沒用的蠢事，只做真正重要的事，否則很難功成名就。

少做，不是偷懶，也不是取巧。因為一個人的時間與精力有限，如果把時間都花在無用的email、會議與報告上，那麼只會效率不彰。本書從日常作業篇、職涯建議篇到組織領導力篇，針對不同層級的人，整理出三十二種「少做」的方法。無論你是職員，或管理階層，都值得參考。（詮斐）

《漢寶德談美》漢寶德／著（聯經）

漢寶德先生以其工程設計的理性背景，加上創立東海建築系、台南藝術學院院長、國家文化藝術基金會執行長等經歷；他來談「美」，可說是台灣具相當資格的人選。

本書夾敘夾議、理感皆備。在〈美要從茶杯開始〉一章談到所謂「時髦」與「裝飾」，作者提出素樸質感才是生命的況味。最後一章〈抽象美的世界〉指出「江上清風，山間明月」的逸趣，及中國文人的隱逸思想，是一種追求美的生命思想。「見樹、見林、又見山嶺」，希望讀者放大美的視野，就是作者談美的良苦用心。看看觸目所及的市容，想想每天的生活；或許，在發現美、懂得欣賞美之前，需要一些「漫步靜心」，才能看見慣性之外，美的可能。（阿里森）

《種活藝術的種子：朱銘美學觀》潘煊／著（天下文化）

這是一個風格決定一切的年代，由20%的專注，決定生涯80%的成功。朱銘從學徒開始雕刻生涯，卻能走上藝術國際舞台，獨成一家，就在於他能真正地面對自己，不斷地與自己對話；在雕塑的過程中，一次又一次，激發自己的潛能。這過程如朱銘所說「藝術即修行」，因此才能超越學徒的起點，跨入藝術領域，並直達藝術大師的頂端，完成感動世人的作品，真正成就他的，是那股貫徹生命體悟的氣；他開拓的，是自己的生命風格。本書揭露朱銘創造生命藝術的心訣，若能體悟削減生命雜質的哲學，你也可以找到屬於自己的生命之路。（柯佳伶）

《字在自在：三十位學者書法‧空間‧詩的對話》董陽孜／策畫　白先勇等／著（天下文化）

本書是書法家董陽孜為了使年輕人注意、欣賞並進而學習書法，於2003、2004年陸續邀請三十位藝文界及建築界人士，談論各類藝術形式與書法關係的對話集。書法著重簡單的結構以及平衡的力與美，書中包括建築、書畫戲曲、表演、語言等乍看之下似乎與書法連不上關係的領域，事實上都存在著共通性亦即對於結構、設計、美感的追求。本書收錄來自當代台灣社會藝文領域菁英的精闢見解，是了解當代藝術文化論述豐富的資料庫。穿插以董陽孜或瀟灑、或敦厚的行筆，將中國字特有的造型美感鋪排為一幅幅藝術作品，亦豐富了視覺上的享受。（陳秋雯）

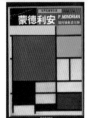

《蒙德利安：幾何抽象畫大師》（P. Mondrian）　何政廣／主編（藝術家）

「原色」與「結構」是蒙德利安畫作的關鍵元素。在這位二十世紀幾何抽象藝術大師的視覺世界裡，唯有此種抽象的幾何形式才能讓觀者看到真實的本質。蒙德利安的幾何畫作，鮮明色塊與線條的搭配看似極簡，但創必須通過精密的籌畫與數學方程式加以計算，方得表現其中的均衡與美感。本書完整介紹了蒙德利安的生平、其經歷過的畫派與創作的理念，並附有兩篇與畫家的訪談錄，從不同的面向呈現蒙德利安的藝術觀與世界觀。藝術家本人如其作品，畢生追求純淨的呈現手法，要人們摒除過多的著華與裝飾，看到事物簡單的本質，及其中所蘊涵的能量與純樸之美。（陳秋雯）

《一次》（Einmal）溫德斯（Wim Wenders）／著　崔嶠、呂晉／譯　（田園城市）

「每張照片，存在於時間裡的每個『一次』，都是一個故事的開始，每張照片也可以是一部電影的第一個鏡頭。」作者如是說。在每一個空間與時間的片段，溫德斯用相機留下許多故事，黑澤明、大島渚、賈木許、彼得．漢克（Peter Handke），或者少了一條腿的男人、在雨中恍惚的女孩、在火災現場痛失房子的男子，又或者德州、澳洲、里斯本、波茨坦、休士頓、好萊塢……。

所有一切，在攝影機前只會出現一次，每張照片又讓他們從一次到永恆。沒有照片的，就在化為文字的記憶中，延續。（莊琬華）

《Minimalism & Color》　Patricia Bueno／著　（Harper Collins）

極簡的設計風格，不一定代表簡或減到極點。Minimal可以理解為從多餘的或無用的身外物中解放，設計以生活的最基本需求出發，在形狀、結構和質料上化繁為簡。作者從強調功能性和外型合一的包浩斯設計學派談到何為Minimalism，當中提倡Less is More（寓豐富於簡潔）的范德羅可說是Minimalism創始人。

本書另一著眼點在於顏色的運用，作者認為如果顏色和Minimalism能適當地結合，每一個部分都是如此和諧，這個房子不需要再減或加什麼，因為每個元素包括留空的角落，都能恰到好處地發揮它的功能。房子的顏色應該要反映主人的獨特性，如果把設計上的Minimal簡化等同於白色，那只是一個內容空洞的空間而已。本書運用了大量室內設計照片，沒有難懂的設計專業名詞，是一本理解Minimalism不錯的入門書。（冼懿穎）

《威爾斯世界簡史》（A Short History of the World）威爾斯（H. G. Wells）／著　郭清香／譯　（貴州人民）

世界的歷史涵蓋了幾千年，在這期間發生的事情又何止億萬，即使用上幾個圖書館的藏書量，恐怕也不是就能說清楚的。何況人短暫的一生哪來那麼多的閱讀時間呢！那麼果真要稍微瞭解一下世界的歷史，有什麼管道嗎？或許威爾斯的這本簡史，是一個不錯的選擇。當然他是十九世紀至二十世紀中期的人，所見所聞、所思所想難免有限，而他所謂的「世界」也仍然有絕大部分局限於「西方」。然而威爾斯的世界比起英國藝術史家貢布里希的《簡明世界史》中的世界顯然又是寬闊許多的。同時他又是科幻小說家，因此陳述歷史的方式也有別於其他作者，值得一看。（墨壘）

《混沌：不測風雲的背後》（Chaos: Making a New Science）

葛雷易克（James Gleick）／著　林和／譯　（天下文化）

由古希臘的哲學家開始，一直到十八、十九世紀西方世界的科學大幅躍進，人類想像若科學不斷發展，便可以預測、控制、主導一切。對於外界事物的瞭解越多，人類的「野心」也越大，認為人類終究可以靠著科技發展改變一切，但這些都在「混沌理論」出現後產生改變。混沌理論開始被認為與二十世紀其他兩個重要的科學發現（相對論、量子理論）並駕齊驅，改變了長久以來理論物理被認為遠離人類日常生活的印象，日常生活的經驗和個人碰觸到的現象，已經由混沌理論進入適合研究的範疇。簡單的系統裡面蘊藏著複雜的行為，複雜的系統卻呈現簡單的準則，這是完全顛覆過往物理學的推論，而這一切也更貼近生活，貼近人類存在的真實面貌，亂中有序，序中含亂。（林盈志）

《第三種猩猩：人類的身世及未來》

（The Third Chimpanzee : the Evolution and Future of the Human Animal）

賈德．戴蒙（Jared Diamond）／著　王道還／譯　（時報）

本書是知名的學者、也是美國國家科學院院士賈德．戴蒙的獲獎科普著作。戴蒙的田野生物調查研究成果，讓我們更了解人類由何而來，以及未來該往何處去。人類是萬物之靈，但人類和其他動物的差距卻很小，在基因上與非洲的兩種黑猩猩差距小於百分之二，可見人類在獨立演化上的時間很短。本書前兩部分說明人類演化的歷史、人類生命循環的變化，這也是在生命及生活上異於其他物種的部分。後三部分解釋所謂的文化面貌，包括藝術文化表現、人類的陰暗自毀殺戮特性，對其他種族的迫害，以及對環境的毀滅。了解這些不同的面貌，才是整體的人類情狀。人類與其他物種的差異，其實並沒有那麼大，如果不能在現今的基礎上回顧過往經驗，有更前瞻的作法的話，人異於禽獸者幾希矣。（林盈志）

《人類基因的歷史地圖》（Mapping Human History : Discovering the Past Through Our Genes）

史帝芬．奧森（Steve Olson）／著　霍達文／譯　（聯經）

「四海一家」究竟是一句口號還是事實？在《人類基因的歷史地圖》中，作者由兩個方向來探討這個議題，一個方向是由源頭往後推演，1987年柏克萊加州大學一群分子生物學家公布了所謂「粒線體夏娃」，證明了全世界的人類都來自同一個人類女性，只有這一名女性的粒線體DNA傳了下來，再經由各式遷移到達世界各地，演化成現今各式的人種。另一個推演方向則是各色人種不斷的混血融合，不管是非洲、中東、亞洲、澳洲、歐洲或美洲，現今世界絕對找不出一個未經混血的「純種」人類。足證四海一家其實絕非口號，而是一種生物學上既成的事實。（繆沛倫）

Net and Books 網路與書　訂購方法

「網路與書」系列預購

☐二年12本（自　　　年　　　月起）定價新台幣 2800元×　　　　　套＝　　　　　元

☐一年 6本（自　　　年　　　月起）定價新台幣 1400元×　　　　　套＝　　　　　元

以上均以平寄。如需掛號，

☐預購12本，每套加收掛號費240元

☐預購 6本，每套加收掛號費120元

感謝您訂購「網路與書」系列，如需購買單書，請參考本書書目後詳細填寫下列資料，
以傳真方式傳回，我們將儘速為您服務。

書名	數量	金額合計
◎購書不足500元，需負擔郵資40元。	總計：	元

訂 購 人：＿＿＿＿＿＿＿＿＿　生日：＿＿＿年＿＿月＿＿日　性別：☐男　☐女

身分證字號：＿＿＿＿＿＿＿＿　E-mail：＿＿＿＿＿＿＿＿

聯絡電話：＿＿＿＿＿＿＿＿　傳真：＿＿＿＿＿＿＿＿

☐二聯式發票　☐三聯式發票抬頭：＿＿＿＿＿＿＿＿　統一編號：＿＿＿＿＿

郵寄地址：☐☐☐－☐☐ ＿＿＿＿＿＿＿＿

付款方式：☐劃撥　　☐ATM轉帳繳款　　☐信用卡	
劃撥	劃撥帳號：19542850，劃撥戶名：英屬蓋曼群島商 網路與書股份有限公司 台灣分公司
ATM轉帳	台北富邦銀行（代碼012）帳號：530-102-812920
信用卡	卡　別：☐VISA　　☐MASTER　　☐聯合信用卡 信用卡號：＿＿＿-＿＿＿-＿＿＿-＿＿＿　有效期期：　年　月 信用卡背面簽名欄上數字後三碼＿＿＿＿＿ 發卡銀行：＿＿＿＿＿　訂購金額：＿＿＿＿元整 持卡人簽名：＿＿＿＿＿（與信用卡背面相同）

請填妥訂購單郵寄或傳真至 （02）2545-2951

如尚有任何疑問，歡迎電洽「網路與書」讀者服務部 ● 服務專線：0800-252-500　傳真專線：886-2-2545-2951
地址：台北市105南京東路四段25號10樓之一 ● E-mail：help@netandbooks.com